Die Preußischen Besoldungsgesetze

vom 17. Dezember 1920

Herausgegeben und erläutert von

Dr. Hermann Erythropel

Ministerialdirektor im Preußischen Finanzministerium

Ergänzungsheft zur 3. Auflage

herausgegeben von

Otto König

Oberfinanzrat im Preußischen Finanzministerium

1924

Verlag von H. W. Müller

Berlin SW. 68, Schützenstr. 29/30.

Druck von Dr. F. P. Datterer & Cie., Freising-München

Inhaltsübersicht.

diese Maßnahme, die einen von einzelnen politischen Parteien schon früher geforderten, bisher aber von der Regierung stets abgelehnten Eingriff in die Rechte der Beamten darstellt, den erhofften finanziellen Erfolg haben wird, muß stark angezweifelt werden. Wegen der Wichtigkeit dieser Vorschrift ist sie nebst den dazu vom Finanzminister erlassenen Richtlinien unter Nr. 15 und 16 auf S. 65 abgedruckt worden.

In den einzelnen Gesetzen sind an wichtigen Änderungen besonders hervorzuheben:

a) beim BDEG.
1. die Streichung der §§ 19—22, 26—28 und 36,
2. die Neufassung der Vorschriften über die Kinderbeihilfe und Frauenbeihilfe, §§ 18 und 19 (bisher §§ 17 und 17 a),
3. die Umgestaltung der Besoldungsordnung, in welcher die Unterteilung der einzelnen Gruppen nach den verschiedenen Verwaltungszweigen weggefallen ist,
4. die in die Besoldungsordnung aufgenommenen neuen Amtsbezeichnungen, die durch Beschluß des Preuß. Staatsministeriums vom 18. März d. Js. einzelnen Beamten verliehen worden sind;

b) beim Volksschullehrerdiensteinkommensgesetz:
die Änderung der Vorschriften über die Aufbringung der persönlichen Volksschullasten in den §§ 35—50;

c) beim Mittelschullehrerdiensteinkommensgesetz:
die Änderung der Vorschriften über die Aufbringung des Diensteinkommens §§ 16 ff.;

d) beim Gewerbe- und Handelslehrerdiensteinkommensgesetz:
die Änderung der Vorschriften über die Aufbringung der Kosten §§ 16 und 17;

e) bei der Wartegeldverordnung und der Hofbeamtenverordnung:
die Beschränkung des Wartegeldes (bisher stets 80 % des der Berechnung des Ruhegehalts zugrunde zu legenden Diensteinkommens, jetzt Kürzung dieses Betrages bei geringerer als 25jähriger Dienstzeit und Begrenzung des Höchstbetrages auf 80 % des der Berechnung des Ruhegehalts zugrunde zu legenden Diensteinkommens eines Beamten aus der mittleren Dienstaltersstufe der Besoldungsgruppe I A 12). § 3a WV., § 8 HofbV.;

f) bei den Ruhegehaltsgesetzen:
die Erhöhung des Höchstruhegehaltes von bisher 3/4 auf 4/5 des letztbezogenen Diensteinkommens;

g) bei den Besoldungsvorschriften:
die Änderung der Vorschriften über Dienstwohnungen Ziff. 97 bis 102.

Während des Drucks dieses Nachtrags sind mit Wirkung vom 1. Juni an vom Reichsfinanzminister auf Grund der ihm erteilten Ermächtigung neue Grundgehälter für die Reichsbeamten festgesetzt worden, die voraussichtlich demnächst auch für die preußischen Beamten übernommen werden. Sie sind auf S. 89 abgedruckt.

2. Bekanntmachung der Fassung des Gesetzes über das Diensteinkommen der unmittelbaren Staatsbeamten (Beamten-Diensteinkommensgesetz) vom 17. Dezember 1920. Vom 13. Mai 1924.

Das von der verfassunggebenden Preußischen Landesversammlung beschlossene Gesetz über das Diensteinkommen der unmittelbaren Staatsbeamten (Beamten-Diensteinkommensgesetz) vom 17. Dezember 1920 wird auf Grund der im Abs. 2 des Gesetzes vom 31. März 1924 (Gesetzsamml. S. 198) erteilten Ermächtigung hiermit in der am 1. April 1924 gültigen Fassung bekanntgegeben.

Berlin, den 13. Mai 1924.

Der Finanzminister.
von Richter.

Gesetz über das Diensteinkommen der unmittelbaren Staatsbeamten (Beamten-Diensteinkommensgesetz).

Vom $\frac{\text{17. Dezember 1920.}}{\text{1. April 1924.}}$

I. Diensteinkommen.

A. Planmäßige Beamte.

§ 1.

Grundgehalt.

(1) Die planmäßig angestellten unmittelbaren Staatsbeamten einschließlich derjenigen Hofbeamten (§ 1 der Verordnung über die Versorgung der Hofbeamten und ihrer Hinterbliebenen vom 10. März 1919, Gesetzsamml. S. 45), welche sich am 1. April 1920

in einer nach dem Haushaltsplane der bisherigen Kronkasse vorgesehenen planmäßigen Stelle befanden, erhalten ein Grundgehalt nach Maßgabe der diesem Gesetz als Anlage 1 beigefügten Besoldungsordnung.

(2) Die weiblichen Beamten erhalten bei gleichen Pflichten die gleichen Gehaltsbezüge wie die männlichen Beamten.

(3) Beamten, die gleichzeitig mehrere in der Besoldungsordnung vorgesehene Stellen bekleiden, wird das Grundgehalt nur einmal gewährt, und zwar für diejenige Stelle, für die das höhere Grundgehalt vorgesehen ist.

§ 2.

Dienstaltersstufen.

(1) Das Grundgehalt der planmäßigen Beamten, soweit es nicht ein Einzelgehalt ist, steigt nach Dienstaltersstufen mit zweijähriger Aufrückungsfrist bis zur Erreichung des Höchstgehalts. Die höheren Gehaltssätze werden jeweils vom Ersten des Kalendermonats an gezahlt, in den der Eintritt in die neue Dienstaltersstufe fällt.

(2) Auf das Aufrücken im Grundgehalte haben die planmäßigen Beamten einen Rechtsanspruch. Der Anspruch ruht, solange ein förmliches Disziplinarverfahren oder wegen eines Verbrechens oder Vergehens ein Hauptverfahren oder eine Voruntersuchung schwebt. Führt das Verfahren zum Verluste des Amtes, so findet eine Nachzahlung des zurückbehaltenen Mehrgehalts nicht statt.

(3) Die von ihren amtlichen Verpflichtungen entbundenen Lehrer an den wissenschaftlichen Hochschulen rücken im Grundgehalte nicht mehr auf.

§ 3.

Besoldungsdienstalter.

(1) Das Besoldungsdienstalter der planmäßigen Beamten mit aufsteigenden Gehältern beginnt mit dem Tage der Anstellung in der jeweiligen planmäßigen Stelle, soweit in diesem Gesetz oder in den Ausführungsbestimmungen dazu nichts Abweichendes bestimmt oder zugelassen ist. Von diesem Zeitpunkt an sind die Zeitabschnitte für das Verbleiben im Anfangsgrundgehalt und für das Aufsteigen in die höheren Gehaltsstufen zu rechnen.

Als Tag der planmäßigen Anstellung gilt der Tag, von dem an das Diensteinkommen der Stelle bezogen wird. Durch den Staatshaushalt neugeschaffene Stellen können, auch wenn die Besetzung später ausgesprochen wird, bereits mit Wirkung vom Beginne des Rechnungsjahrs verliehen werden, sofern der zu beleihende Beamte die Geschäfte der neugeschaffenen oder einer anderen gleichartigen Stelle bereits von diesem Zeitpunkt an versehen hat.

(2) Bei der Festsetzung des Besoldungsdienstalters ist von der Zeit zwischen dem Beginne des Anwärterdienstalters und der ersten planmäßigen Anstellung, falls diese bei dem gleichen Dienstzweig erfolgt, der Teil auf das Besoldungsdienstalter anzurechnen, der 5 Jahre übersteigt.

(3) Den Militäranwärtern (Inhabern des Zivilversorgungsscheins) wird bei der ersten planmäßigen Anstellung, wenn sie im Heere oder in der Marine

a) neun Jahre oder weniger gedient haben, die tatsächlich abgeleistete Militär- und Marinedienstzeit bis zu einem Jahre,

b) über neun Jahre gedient haben, außerdem die nachfolgende Militär- und Marinedienstzeit und die nachfolgende Zivildienstzeit, wenn die Gesamtdienstzeit 13 Jahre nicht überschritten hat, mit höchstens weiteren 4 Jahren auf das Besoldungsdienstalter angerechnet.

Außerdem wird nach Abs. 2 die 5 Jahre übersteigende Anwärterdienstzeit angerechnet, soweit nicht schon eine Anrechnung nach b erfolgt ist. Die vor dem vollendeten 17. Lebensjahre liegende Militär- und Marinedienstzeit bleibt außer Betracht, soweit es sich nicht um eine tatsächlich geleistete Kriegsdienstzeit handelt.

(4) Darüber, nach welchen Grundsätzen beim Übertritte von ehemaligen aktiven Offizieren des Heeres und der Marine sowie der Schutztruppen, von Inhabern des Beamtenscheins auf Grund des § 33 des Reichsversorgungsgesetzes vom 12. Mai 1920 (Reichs-Gesetzbl. S. 989), von bewaffneten und uniformierten Beamten der der Verwaltung des Innern unterstehenden Schutzpolizei sowie von Soldaten der Wehrmacht in planmäßige Beamtenstellen das Besoldungsdienstalter festzusetzen ist, bestimmt das Staatsministerinm das Nähere.

(5) Der Beamte erhält beim Aufrücken aus einer Besoldungsgruppe in eine andere in der neuen Besoldungsgruppe stets den

gegenüber seinem bisherigen Grundgehaltssatz nächsthöheren Satz und behält diesen die volle für das Weiteraufsteigen in die folgende Stufe vorgeschriebene Zeit. Wäre er jedoch in der früheren Besoldungsgruppe bereits vor Ablauf dieser Zeit in die nächsthöhere Stufe aufgestiegen und damit zu einem Grundgehaltssatze gelangt, der über den ihm in der neuen Besoldungsgruppe gewährten hinausgeht oder ihm gleichkommt, so steigt er auch in der neuen Besoldungsgruppe zu derselben Zeit in die folgende Stufe. Das Besoldungsdienstalter darf bei einem Übertritt in die nächsthöhere Besoldungsgruppe nicht um mehr als vier Jahre, beim Übertritt aus Gruppe 12 in Gruppe 13 nicht um mehr als sechs Jahre verkürzt werden. Werden bei einer Beförderung Besoldungsgruppen übersprungen, so ist das Besoldungsdienstalter so festzusetzen, wie wenn der Beamte zunächst in die dazwischen liegenden Gruppen eingetreten wäre. Tritt ein Beamter in eine niedrigere Besoldungsgruppe über, so wird das neue Besoldungsdienstalter von dem zuständigen Minister in Gemeinschaft mit dem Finanzminister festgesetzt.

(6) Ist ein Beamter aus einer planmäßigen Stelle des Staatsdienstes freiwillig ausgeschieden oder ist sein früheres Beamtenverhältnis durch Dienstentlassung gelöst worden, so wird im Falle seiner Wiederanstellung bei der Festsetzung des Besoldungsdienstalters und des Diensteinkommens der neuen Stelle auf das frühere Besoldungsdienstalter und das frühere Diensteinkommen des Beamten in der Regel keine Rücksicht genommen. Beamte, die ihre Stelle freiwillig aufgeben, sind hierauf ausdrücklich hinzuweisen. Soll von dieser Regelung in einzelnen Fällen abgewichen werden, so entscheidet darüber der zuständige Minister in Gemeinschaft mit dem Finanzminister. Beamten, welche wegen eines in Ausübung des Dienstes erlittenen Unfalls in den Ruhestand versetzt worden sind, muß im Falle ihrer späteren Wiederanstellung die frühere Dienstzeit auf das Besoldungsdienstalter angerechnet werden.

(7) Wieweit sonst in einzelnen Fällen die Dienstzeit in einem anderen Zweige des Staatsdienstes, die Zeit im Dienste des Reichs oder eines der Länder oder die Zeit im Gemeinde-, Kirchen- und Schuldienst oder die Zeit praktischer Beschäftigung außerhalb des Staatsbeamtenverhältnisses zur Vermeidung von Härten auf das Besoldungsdienstalter angerechnet werden kann, wird von dem zuständigen Minister in Gemeinschaft mit dem Finanzminister bestimmt. Die hierbei anzurechnende Zeit praktischer Beschäftigung außerhalb des Staatsbeamtenverhältnisses darf die Hälfte der

Gesamtaufrückungszeit der Besoldungsgruppe nicht übersteigen, in der der Beamte planmäßig angestellt wird. Über vorstehende Bestimmungen hinaus können die genannten Minister in besonders gearteten Ausnahmefällen zur Vermeidung offenbarer Härten eine Vorrückung des Besoldungsdienstalters zulassen.

(8) Bei der Anstellung in dem Amte eines Richters oder Staatsanwalts steht die Dienstzeit, die im Richter- oder Staatsanwaltsdienste bei einem für preußische Gebietsteile und für Gebiete anderer Länder gebildeten gemeinschaftlichen Gericht oder bei der Staatsanwaltschaft eines solchen zurückgelegt ist, einer in der entsprechenden Stellung bei einer preußischen Justizbehörde zurückgelegten Dienstzeit gleich.

(9) Der Beamte ist von der Festsetzung seines Besoldungsdienstalters schriftlich zu benachrichtigen.

(10) Die Entscheidung der Verwaltungsbehörden über die Festsetzung des Besoldungsdienstalters ist für die Beurteilung der vor den Gerichten geltendgemachten vermögensrechtlichen Diensteinkommensansprüche maßgebend.

§ 4.

Ortszuschlag.

(1) Zum Grundgehalte tritt als weiterer Bestandteil des Diensteinkommens ein Ortszuschlag nach Maßgabe der Anlage 2.

(2) Eine verheiratete Beamtin erhält den Ortszuschlag nur zur Hälfte, wenn sie mit ihrem Ehemann einen gemeinsamen Haushalt führt. Sie erhält jedoch den vollen Ortszuschlag, wenn der Unterhalt der Familie überwiegend von ihr bestritten wird.

(3) Beamten, die gleichzeitig auch eine Stelle im Dienste des Reichs oder eines der Länder bekleiden, wird der nach dem höchsten Grundgehalte zu berechnende Ortszuschlag nur in Höhe eines dem aus der Staatskasse gezahlten Grundgehalt entsprechenden Teilbetrags gewährt.

§ 5.

Ortsklassenverzeichnis.[1]

(1) Die Stellung der Orte in den verschiedenen Ortsklassen bestimmt sich nach dem Ortsklassenverzeichnisse, wie es nach reichsgesetzlicher Regelung für die Gewährung von Ortszuschlägen an die Reichsbeamten jeweilig maßgebend ist.

(2) Welcher Ortsklasse ein außerhalb Deutschlands gelegener, in diesem Ortsklassenverzeichnisse nicht enthaltener Ort, an dem preußische Beamte ihren dienstlichen Wohnsitz haben, zuzuweisen ist, wird von dem zuständigen Minister in Gemeinschaft mit dem Finanzminister bestimmt.

§ 6.

Ortszuschlagsatz.

(1) Für die Höhe des Ortszuschlags ist der dienstliche Wohnsitz maßgebend.

(2) Bei Versetzungen wird der Ortszuschlag vom Ersten des auf die Änderung des dienstlichen Wohnsitzes folgenden Monats nach dem Satz des Ortszuschlags für den Versetzungsort gezahlt. Findet die Änderung des dienstlichen Wohnsitzes am ersten Werktag eines Monats statt, so tritt der Wechsel im Satz des Ortszuschlags schon mit diesem Monat ein.

(3) Die bei der Versetzung an den Ort einer niedrigeren Ortsklasse eintretende Verminderung des Ortszuschlags wird als eine Verkürzung des Diensteinkommens im Sinne des § 53 des Gesetzes, betreffend die Dienstvergehen der Richter und die unfreiwillige Versetzung derselben auf eine andere Stelle oder in den Ruhestand, vom 7. Mai 1851 (Gesetzsamml. S. 218) und des § 87 des Gesetzes, betreffend die Dienstvergehen der nichtrichterlichen Beamten, vom 21. Juli 1852 (Gesetzessamml. S. 465) nicht angesehen.

§ 7.

Dienstwohnungen.

(1) Wird dem Beamten eine Dienstwohnung zugewiesen, so wird ihm dafür auf den ihm zustehenden Ortszuschlag einschließlich Ausgleichszuschlag (§ 20) ein angemessener Betrag angerechnet. Dieser Betrag soll den am Wohnorte des Beamten für Wohnungen derselben Art zu zahlenden Mietpreisen entsprechen. Die Festsetzung geschieht durch die zuständige Behörde unter Mitwirkung der zuständigen Beamtenvertretung. Bei dieser Festsetzung ist zu berücksichtigen außer dem wirklichen Werte der Wohnung auch der Wert, den die Wohnung für den Beamten hat.

(2) Gibt der Inhaber einer Dienstwohnung unter Zustimmung seiner vorgesetzten Dienstbehörde Räume anderweit ab, die bei der

letzten Wertfestsetzung berücksichtigt sind, so ist der anzurechnende Wert der Wohnung neu festzusetzen. Der Erlös für die abgegebenen Räume fällt dem Staate zu.

§ 8.

Sondervergütungen.

In der Besoldungsordnung nicht vorgesehene Vergütungen, insbesondere Vergütungen für über das festgesetzte oder übliche Arbeitsmaß hinausgehende Dienstleistungen, werden dem Beamten aus dem Hauptamte nicht gewährt. Außerordentliche Vergütungen können im Einzelfalle ausnahmsweise bewilligt werden, falls die dazu erforderlichen Mittel im Staatshaushalte besonders vorgesehen sind.

§ 9.

Nebenbezüge.

(1) Mit einem Amte verbundene besondere Nebenbezüge, wie Vorlesungs- und Unterrichtshonorare, Gebührenanteile, Gewinnanteile und dergleichen, fließen den Beamten als Diensteinkommen nur soweit zu, als es in der Besoldungsordnung ausdrücklich zugelassen ist.

(2) Für ein Nebenamt oder Nebengeschäft kann dem Beamten eine besondere Vergütung aus der Staatskasse bewilligt werden, wenn es mit dem Hauptamte nicht in unmittelbarem Zusammenhange steht oder den Beamten in besonderem Maße in Anspruch nimmt.

§ 10.

Sonstige Vergünstigungen.

(1) Staatsseitig gewährte Nutzung von Wirtschaftsland, Feuerungs- und Beleuchtungsmittel, Verpflegung, Jagdnutzung und dergleichen werden dem Beamten mit einem angemessenen Betrage auf das Diensteinkommen angerechnet. Die Höhe dieses Betrags wird von der zuständigen Behörde unter Mitwirkung der zuständigen Beamtenvertretung festgelegt. In Zweifelsfällen entscheidet der zuständige Minister in Gemeinschaft mit dem Finanzminister endgültig.

(2) Den Beamten, welche im Interesse der öffentlichen Sicherheit und Ordnung zum Tragen von Dienstkleidung gezwungen

sind, ist diese unter Anrechnung eines angemessenen Betrags zu liefern.

(3) Die Gewährung von Unterkunft, Verpflegung, Bekleidung und ärztlicher Behandlung an die bewaffneten und uniformierten Beamten der der Verwaltung des Innern unterstehenden Schutzpolizei, deren Umfang und die Anrechnung ihres Wertes auf das Diensteinkommen wird durch den Staatshaushaltsplan geregelt.

B. Nichtplanmäßige Beamte und ihnen gleichgestellte Beamte.

§ 11.

Grundvergütung.

(1) Die im Staatsdienst als Stellenanwärter voll beschäftigten nichtplanmäßigen unmittelbaren Staatsbeamten sowie die wissenschaftlichen Assistenten mit planmäßiger Vergütung bei den wissenschaftlichen Hochschulen (Universitäten, Technischen, Landwirtschaftlichen, Tierärztlichen Hochschulen, Berg- und Forstakademien) und die ihnen in der anliegenden Nachweisung der Dienstbezüge der nichtplanmäßigen Beamten — Anlage 3 — gleichgestellten Hilfskräfte der wissenschaftlichen Hochschulen, Anstalten und Institute erhalten eine Grundvergütung nach Maßgabe dieser Nachweisung.

(2) Die Vorschrift des § 1 Abs. 2 findet auf weibliche Stellenanwärter sinngemäß Anwendung.

(3) Beamten, die gleichzeitig mehrere in der Besoldungsordnung vorgesehene Stellen bekleiden, wird die Grundvergütung nur einmal gewährt, und zwar für diejenige Stelle, für die die höhere Grundvergütung vorgesehen ist.

§ 12. (bisher § 11 a).

Bis zur anderweitigen Regelung durch den Staatshaushaltsplan oder durch besonderes Gesetz erhalten die nichtplanmäßigen Beamten, die wissenschaftlichen Assistenten mit planmäßiger Vergütung an den wissenschaftlichen Hochschulen und die ihnen gleichgestellten Hilfskräfte der wissenschaftlichen Hochschulen, Anstalten und Institute

zur Grundvergütung nebst Ausgleichszuschlägen einen Notzuschlag in der Höhe, daß Grundvergütung, Ausgleichszuschläge und Notzuschlag (ohne Frauenbeihilfe) zusammen betragen, wenn sie Zivilanwärter sind,

im 1. Anwärterdienstjahr	. . . . . .	95	vom Hundert,
„ 2. „	. . . . . .	95	„ „
„ 3. „	. . . . . .	98	„ „
„ 4. „	. . . . . .	100	„ „
„ 5. „	. . . . . .	100	„ „

wenn sie Militäranwärter sind,

im 1. Anwärterdienstjahr	. . . . . .	95	vom Hundert,
„ 2. „	. . . . . .	98	„ „
„ 3. „	. . . . . .	100	„ „
„ 4. „	. . . . . .	100	„ „

des Anfangsgrundgehalts nebst Ausgleichszuschlägen (ohne Frauenbeihilfe) derjenigen Gruppe, in der sie beim regelmäßigen Verlauf ihrer Dienstlaufbahn zuerst planmäßig angestellt werden. Bei Anwärterinnen auf Stellen, die in der Besoldungsordnung mit einem † bezeichnet sind, ist der Berechnung dieses Notzuschlags das um 10 vom Hundert gekürzte Anfangsgrundgehalt solcher Stellen zugrundezulegen.

§ 13. (bisher § 12).

Dienstaltersstufen.

(1) Die Grundvergütung der nichtplanmäßigen Beamten steigt bis zur Vollendung des fünften, bei Militäranwärtern bis zur Vollendung des vierten Anwärterdienstjahrs nach Dienstaltersstufen mit einjähriger Aufrückungsfrist. Die höheren Grundvergütungssätze werden jeweils vom Ersten des Kalendermonats an gezahlt, in den der Eintritt in die neue Dienstaltersstufe fällt.

(2) Das Aufrücken in der Grundvergütung kann versagt werden, wenn gegen das dienstliche oder außerdienstliche Verhalten des Stellenanwärters eine erhebliche Ausstellung vorliegt.

(3) Vor der Verfügung ist dem Beamten Gelegenheit zu geben, sich über die Gründe der beabsichtigten Maßregel zu äußern. Wird das Aufrücken versagt, so sind dem Beamten die Gründe hierfür schriftlich zu eröffnen.

(4) Gegen die Verfügung steht dem Beamten, sofern sie nicht von der obersten Verwaltungsbehörde erlassen ist, die Beschwerde an diese zu.

(5) Nach Behebung der Anstände ist der vorläufig versagte Grundvergütungssatz zu gewähren, und zwar vom ersten Tage des

Kalendermonats ab, in dem die Bewilligungsverfügung ergeht. Nur aus besonderen Gründen ist die Gewährung von einem früheren Zeitpunkt ab zulässig. Eine Nachgewährung für rückliegende Rechnungsjahre bedarf der Genehmigung der obersten Verwaltungsbehörde.

(6) Die einstweilige Versagung des Aufrückens hat für sich allein nicht die Wirkung, daß dadurch der Zeitpunkt für das Aufsteigen in die nächstfolgende Vergütungsstufe hinausgeschoben wird.

§ 14. (bisher § 13).

Anwärterdienstalter.

(1) Das Anwärterdienstalter des nichtplanmäßigen Beamten beginnt mit dem Tage, von dem ab er nach erlangter Befähigung für das Amt endgültig in den Staatsdienst übernommen ist, soweit in diesem Gesetz oder den Ausführungsbestimmungen dazu nichts Abweichendes bestimmt oder zugelassen ist. Von diesem Zeitpunkt an sind die Zeitabschnitte für das Verbleiben in den Dienstaltersstufen zu rechnen.

(2) Die Anwärterdienstzeit darf fünf Jahre, bei Militäranwärtern vier Jahre nicht übersteigen. Ist ein Zivilanwärter bis zur Vollendung des fünften Anwärterdienstjahrs, ein Militäranwärter bis zur Vollendung des vierten Anwärterdienstjahrs noch nicht planmäßig angestellt, so erhält der Zivilanwärter vom Beginn des sechsten, der Militäranwärter vom Beginn des fünften Anwärterdienstjahrs an nach Dienstaltersstufen mit zweijähriger Aufrückungsfrist steigend eine Grundvergütung in Höhe der Grundgehaltssätze derjenigen Besoldungsgruppe, in der er beim regelmäßigen Verlaufe seiner Dienstlaufbahn zuerst planmäßig angestellt wird. Die Zahl der einzustellenden Anwärter ist alljährlich von dem zuständigen Minister im Einvernehmen mit dem Finanzminister festzusetzen.

(3) Im übrigen gelten die Vorschriften unter § 3 Abs. 5 bis 7, Abs. 9 und 10 sinngemäß.

§ 15. (bisher § 14).

Ortszuschlag.

(1) Zur Grundvergütung der nichtplanmäßigen Beamten tritt als weiterer Bestandteil des Diensteinkommens ein Ortszuschlag in Höhe des Ortszuschlags, den sie als planmäßige Beamte in der

ersten Gehaltsstufe derjenigen Besoldungsgruppe beziehen würden, in der sie bei regelmäßigem Verlauf ihrer Dienstlaufbahn zuerst planmäßig angestellt werden. Ist ein Zivilanwärter bis zur Vollendung des fünften Anwärterdienstjahres, ein Militäranwärter bis zur Vollendung des vierten Anwärterdienstjahres noch nicht planmäßig angestellt, so erhält der Zivilanwärter vom Beginn des sechsten, der Militäranwärter vom Beginn des fünften Anwärterdienstjahres an den Ortszuschlag, den sie als planmäßige Beamte in der von ihnen erreichten Vergütungsstufe beziehen würden, in voller Höhe.

(2) Für die wissenschaftlichen Assistenten mit planmäßiger Vergütung bei den wissenschaftlichen Hochschulen und die ihnen gleichgestellten Hilfskräfte der wissenschaftlichen Hochschulen, Anstalten und Institute beträgt der Ortszuschlag 100 vom Hundert des Ortszuschlags, den sie als planmäßige Beamte in der ersten Gehaltsstufe der Besoldungsgruppe 10 beziehen würden, und sobald die ihnen gewährte Grundvergütung in ihrer Höhe den Grundgehaltssätzen dieser Besoldungsgruppe entspricht, 100 vom Hundert des Ortszuschlags, den sie als planmäßige Beamte in der von ihnen erreichten Vergütungsstufe beziehen würden.

(3) § 4 Abs. 2 und 3 gelten sinngemäß.

§ 16 (bisher § 15).

Dienstwohnung.

Wird dem nichtplanmäßigen Beamten eine Dienstwohnung zugewiesen, so ist § 7 sinngemäß anzuwenden. Dabei gilt als Besoldungsgruppe des Wohnungsinhabers diejenige, in der der Beamte bei regelmäßigem Verlauf seiner Dienstlaufbahn zuerst planmäßig angestellt wird, bei den im § 15 Abs. 2 genannten Beamten die Besoldungsgruppe 10.

§ 17 (bisher § 16).

Sondervergütungen, Nebenbezüge und sonstige Vergünstigungen.

Für die nichtplanmäßigen und die sonst im § 11 Abs. 1 genannten Beamten gelten §§ 8, 9 und 10 sinngemäß mit der Maßgabe, daß an die Stelle der Besoldungsordnung die Nachweisung der Dienstbezüge der nichtplanmäßigen Beamten Anlage 3 tritt.

II. Kinderbeihilfe und Frauenbeihilfe.

§ 18 (bisher § 17).

Betrag und Voraussetzung der Kinderbeihilfe.

(1) Die Beamten erhalten für jedes unterhaltsberechtigte Kind eine Kinderbeihilfe. Diese beträgt für Kinder bis zum vollendeten 6. Lebensjahre monatlich dreizehn Goldmark, bis zum vollendeten 16. Lebensjahre monatlich fünfzehn Goldmark und bis zum vollendeten 21. Lebensjahre monatlich siebzehn Goldmark.

(2) Die Kinderbeihilfe wird jedoch für Kinder vom 16. bis 21. Lebensjahre nur gewährt, wenn sie

1. sich in der Schulausbildung oder in der Ausbildung für einen künftig gegen Entgelt auszuübenden Lebensberuf befinden, oder wenn sie wegen körperlicher oder geistiger Gebrechen dauernd erwerbsunfähig sind, und wenn sie
2. eigenes Einkommen nicht haben oder wenn das eigene Einkommen des Kindes die Kinderbeihilfe einschließlich des Ausgleichszuschlags nicht übersteigt. Übersteigt das eigene Einkommen des Kindes den Betrag der Kinderbeihilfe einschließlich des Ausgleichszuschlags, ohne das Doppelte dieses Betrages zu erreichen, so wird die Kinderbeihilfe nur zur Hälfte gewährt; erreicht oder übersteigt das eigene Einkommen des Kindes das Doppelte der Kinderbeihilfe einschließlich des Ausgleichszuschlages, so fällt die Kinderbeihilfe fort.

(3) Unterhaltsberechtigt im Sinne des Abs. 1 sind:

1. eheliche Kinder;
2. für ehelich erklärte Kinder;
3. an Kindes Statt angenommene Kinder:
4. Stiefkinder, die in den Hausstand des Beamten aufgenommen sind;
5. uneheliche Kinder.

(4) Ein Beamter erhält als Erzeuger eines unehelichen Kindes die Kinderbeihilfe nur, wenn seine Vaterschaft festgestellt ist und wenn er das Kind in seinen Hausstand aufgenommen hat oder auf andere Weise nachweislich für seinen vollen Unterhalt aufkommt.

(5) Die Kinderbeihilfen fallen fort mit dem Ablaufe des Vierteljahrs, in dem das für den Wegfall der Beihilfe maßgebende Ereignis sich zugetragen hat.

§ 19 (bisher § 17a).

Betrag und Voraussetzung der Frauenbeihilfe.

Die verheirateten männlichen planmäßigen und nichtplanmäßigen unmittelbaren Staatsbeamten erhalten für die unterhaltsberechtigte Ehefrau eine Frauenbeihilfe von monatlich acht Goldmark. Die Frauenbeihilfe wird auch verwitweten Beamten gewährt, wenn sie im eigenen Hausstande für den vollen Unterhalt von Kindern aufkommen, für welche sie nach § 18 Kinderbeihilfe beziehen.

III. Ausgleichszuschlag.

§ 20 (bisher § 18).

Zur Anpassung an die Veränderungen in der allgemeinen Wirtschaftslage kann zum Grundgehalte, zur Grundvergütung und zum Ortszuschlage sowie zu den Kinderbeihilfen und zur Frauenbeihilfe ein veränderlicher Ausgleichszuschlag gewährt werden. Die Art und Höhe des Satzes wird durch den Staatshaushaltsplan oder durch besonderes Gesetz bestimmt.

IV. Wartegeld, Ruhegehalt, Hinterbliebenenbezüge.

§ 21 (bisher § 23).

Versorgungszuschlag.

(1) Zur Anpassung an die Veränderungen in der allgemeinen Wirtschaftslage kann zu den Ruhegehältern, Wartegeldern (Witwen- und Waisengeldern) ein veränderlicher Versorgungszuschlag gewährt werden.

(2) Der Versorgungszuschlag der Ruhegehalts-, Wartegeldempfänger, Witwen und Waisen wird aus dem Ruhegehalte, Wartegeld, Witwen- und Waisengeld in derselben Art und in demselben Verhältnis berechnet, wie die Ausgleichszuschläge gleichartiger im Dienste befindlichen Beamten von deren Grundgehalte oder Grundvergütung und Ortszuschlage berechnet werden.

(3) Beim Vorliegen besonderer Verhältnisse kann auf Antrag der Versorgungszuschlag zum Ruhegehalt, Wartegeld und Witwengeld bis auf die volle Höhe desjenigen Betrags erhöht werden, der als Ausgleichszuschlag auf das zuletzt bezogene ruhegehaltsfähige Diensteinkommen, soweit es aus Grundgehalt oder Grundvergütung und anrechnungsfähigem Ortszuschlage bestand, entfallen

würde. Für den Versorgungszuschlag zum Witwengelde gilt dies nur insoweit, als unter Hinzurechnung des Versorgungszuschlags zum Waisengeld (Abs. 1) der vorbezeichnete Höchstbetrag nicht überschritten wird.

(4) Ändern sich später Art und Höhe des Ausgleichszuschlagssatzes für die Beamten im Dienste, so ist auch der Versorgungszuschlag für die Ruhegehaltsempfänger, Wartegeldempfänger, Witwen und Waisen entsprechend neu zu berechnen.

§ 22 (bisher § 24).

Kinderbeihilfe und Frauenbeihilfe an Wartegeldempfänger, Ruhegehaltsempfänger und Hinterbliebene.

(1) Die im § 18 vorgesehene Kinderbeihilfe einschließlich Ausgleichszuschlag wird in der gleichen Weise unter den dort genannten Voraussetzungen auch den zu einem späteren Zeitpunkt als dem 1. April 1920 einstweilen oder dauernd in den Ruhestand versetzten Beamten sowie für die Kinder der am 1. April 1920 oder später im Amte oder im Ruhestande verstorbenen Beamten gewährt.

(2) Die im § 19 vorgesehene Frauenbeihilfe einschließlich Ausgleichszuschlag wird in der gleichen Weise unter den dort genannten Voraussetzungen auch den zu einem späteren Zeitpunkt als dem 1. April 1920 einstweilen oder dauernd in den Ruhestand versetzten verheirateten und verwitweten männlichen Beamten gewährt.

V. Übergangsvorschriften.

§ 23 (bisher § 25).

Einreihung in die neuen Gehalts- und Vergütungsstufen.

(1) Die am 1. April 1920 im Dienste befindlichen planmäßigen Beamten mit aufsteigenden Gehältern werden in die Besoldungsgruppen der Besoldungsordnung mit derjenigen Gehaltsstufe eingereiht, die ihrem bisherigen Besoldungsdienstalter in der Stelle entspricht, die sie am 1. April 1920 bekleiden. Dabei wird für diejenigen Beamten, die bisher ein Einzelgehalt bezogen haben und für die durch dieses Gesetz Dienstaltersstufen eingeführt werden, das Besoldungsdienstalter auf den Tag des Einrückens in

ihre Stelle festgesetzt. Für Beamte, die zum 1. April 1920 in eine Stelle befördert werden, die in einer höheren Besoldungsgruppe als die bisher von dem Beamten bekleidete Stelle vorgesehen ist, wird das Besoldungsdienstalter unter Berücksichtigung von § 3 Abs. 5 so festgesetzt, als wenn sie erst im Laufe des 1. April 1920 in die Stelle eingerückt wären. Das gleiche gilt für diejenigen Beamten, welche mit Wirkung vom 1. April 1920 in Stellen eingereiht werden, die in der Vorbemerkung 1 zur Besoldungsordnung als Aufrückungsstellen bezeichnet sind.

(2) Allen planmäßigen Beamten, auch wenn sie sich nicht mehr in ihrer ersten planmäßigen Stelle befinden, wird das Besoldungsdienstalter soweit vorgerückt, wie es vorgerückt wäre, wenn § 14 Abs. 2 Satz 1 schon zur Zeit ihrer ersten planmäßigen Anstellung gegolten hätte. Den Beamten aus der Klasse der ehemaligen Militäranwärter, auch wenn sie sich nicht mehr in ihrer ersten planmäßigen Stelle befinden, wird das Besoldungsdienstalter soweit vorgerückt, wie es vorgerückt wäre, wenn der § 3 Abs. 3 schon zur Zeit ihrer ersten planmäßigen Anstellung oder ihrer Überführung in eine höhere Gehaltsklasse gegolten hätte.

(3) Sollte sich für einzelne vor dem 1. April 1920 beförderte oder aus dienstlichen Rücksichten versetzte Beamte ergeben, daß am 1. April 1920 nach den neuen Grundgehaltssätzen ihr Grundgehalt in der jetzigen Stelle hinter dem Satze zurückbleibt, den sie erhalten haben würden, wenn sie in einer früher von ihnen bekleideten Stelle verblieben und erst zum 1. April 1920 befördert worden wären, oder daß sie in der früheren Stelle bei dem nächsten Aufsteigen nach dem 1. April 1920 früher einen höheren oder gleichen Grundgehaltssatz erreicht hätten, als es in der neuen Stelle der Fall sein würde, so ist das Besoldungsdienstalter so festzusetzen, als wenn sie erst im Laufe des 1. April 1920 in die neue Stelle eingerückt wären.

(4) Beamte, die infolge der Umbildung der Staatsbehörden oder infolge Abtretung von Gebieten oder Staatswerken aus dienstlichen Rücksichten in Stellen einer Besoldungsgruppe mit geringeren Grundgehaltssätzen verwendet werden, erhalten während der Dauer dieser Verwendung das Grundgehalt, das sie in ihrer früheren Stelle nach den Vorschriften dieses Gesetzes bezogen hätten.

(5) Die am 1. April 1920 im Dienste befindlichen nichtplanmäßigen Beamten und die am gleichen Tage im Dienste befindlichen sonst im § 11 Abs. 1 genannten Beamten werden in die Gruppen der Nachweisung — Anlage 3 — mit derjenigen Ver-

gütungsstufe eingereiht, die ihrem Anwärterdienstalter in der Stelle entspricht, die sie am 1. April 1920 bekleiden.

(6) Über vorstehende Bestimmungen hinaus kann der zuständige Minister in Gemeinschaft mit dem Finanzminister in besonders gearteten Ausnahmefällen zur Vermeidung offenbarer Härten eine Vorrückung des Besoldungsdienstalters zulassen.

VI. Schlußvorschriften.

§ 24 (bisher § 29).

Möglichkeit der gesetzlichen Änderung der Bezüge.

(1) Änderungen der durch dieses Gesetz geregelten Diensteinkommensbezüge und Kinderbeihilfen sowie der auf Grund dieser Diensteinkommensbezüge festgesetzten Wartegelder, Ruhegehälter und Hinterbliebenenbezüge können durch Gesetz erfolgen.

(2) Werden Beamte durch eine solche Änderung hinsichtlich der im Abs. 1 genannten Bezüge oder hinsichtlich ihrer Einreihung in die Gruppen der Besoldungsordnung mit rückwirkender Kraft schlechter gestellt, so sind die Unterschiedsbeträge nicht zurückzuerstatten.

(3) Abs. 2 gilt sinngemäß für Versorgungsberechtigte.

(4) In allen übrigen Fällen sind zuviel erhobene Diensteinkommensbezüge, Wartegelder, Ruhegehälter und Hinterbliebenenbezüge zurückzuzahlen.

§ 25 (bisher § 30).

Änderung der Besoldungsordnung.

Änderungen der Besoldungsordnung können insoweit durch den Staatshaushalt erfolgen, als sie durch Änderungen in der Organisation des Staatsdienstes, insbesondere durch die Einrichtung neuer in der Besoldungsordnung nicht aufgeführter Beamtenklassen, erforderlich werden.

§ 26 (bisher § 31).

Dienstverhältnisse der bisherigen Gerichtsschreibergehilfen.

(1) Der Justizminister wird ermächtigt, die Dienstverhältnisse der an die Stelle der bisherigen Gerichtsschreibergehilfen tretenden Justizsekretäre und Registratoren vorläufig zu regeln.

(2) Die auf Grund dieser Ermächtigung jeweilig erlassenen Bestimmungen sind dem Landtage alsbald zur Genehmigung vorzulegen.

§ 27 (bisher § 32).

Anwendung des Gesetzes auf die Schutzpolizei.

(1) Die Vorschriften dieses Gesetzes finden auf die Angehörigen der der Verwaltung des Innern unterstehenden Schutzpolizei erst Anwendung, sobald ihnen durch Anstellungsverfügung oder Bestallungsurkunde die Eigenschaften von unmittelbaren Staatsbeamten verliehen worden sind.

(2) Bis zum Erlaß eines Polizeibeamten-Ruhegehaltsgesetzes kann den bewaffneten und uniformierten Beamten der der Verwaltung des Innern unterstehenden Schutzpolizei, sofern sie wegen eingetretener dauernder Dienstunfähigkeit ausscheiden müssen, ein Ruhegehalt bis zur Höhe der im Zivilruhegehaltsgesetze vom 27. März 1872/27. Mai 1907 (Gesetzsamml. S. 268 und S. 95) bestimmten Sätze durch den Minister des Innern in Gemeinschaft mit dem Finanzminister bewilligt werden. Auf die Witwen und Waisen dieser Beamten findet Artikel VI des Gesetzes wegen Abänderung des Gesetzes, betreffend die Fürsorge für die Witwen und Waisen der unmittelbaren Staatsbeamten, vom 20. Mai 1882 (Gesetzsamml. S. 298) und des Gesetzes vom 1. Juni 1897 (Gesetzsamml. S. 169), vom 27. Mai 1907 (Gesetzsamml. S. 99) bis auf weiteres sinngemäß Anwendung.

§ 28 (bisher § 33).

Mitwirkung von Beamtenvertretungen.

Soweit bei Ausführung dieses Gesetzes Streitigkeiten über die dem einzelnen Beamten aus diesem Gesetze zustehenden Ansprüche entstehen, ist von den zur Entscheidung berufenen Verwaltungsbehörden auf Antrag des Beamten die für ihn zuständige Beamtenvertretung zur Mitwirkung hinzuzuziehen.

§ 29 (bisher § 34).

Aufgehobene Gesetzesbestimmungen.

Alle diesem Gesetz entgegenstehenden Bestimmungen werden aufgehoben, insbesondere:

a) § 2 des Gesetzes, betreffend die Bereitstellung von Mitteln zu Diensteinkommensverbesserungen, vom 26. Mai 1909 (Gesetzsamml. S. 85);

b) das Gesetz zur Abänderung der Besoldungsordnung vom 29. Juni 1914 (Gesetzsamml. S. 121);

c) das Richterbesoldungsgesetz vom 29. Mai 1907 (Gesetzsamml. S. 111);
d) das Gesetz, betreffend die Gewährung von Wohnungsgeldzuschüssen an die unmittelbaren Staatsbeamten, vom 12. Mai 1873 (Gesetzsamml. S. 209) in der Fassung des Gesetzes vom 25. Juni 1910 (Gesetzsamml. S. 105);
e) die §§ 8 und 59 des Ausführungsgesetzes zum Deutschen Gerichtsverfassungsgesetze vom 24. April 1878 (Gesetzsamml. S. 230);
f) § 4 Satz 2 der Verordnung, betreffend die Rechtsstellung der Landgendarmerie, vom 10. März 1919 (Gesetzsamml. S. 37).
g) das Gesetz, betreffend das Diensteinkommen der unmittelbaren Staatsbeamten (Beamten-Diensteinkommensgesetz), vom 7. Mai 1920 (Gesetzsamml. S. 191).

§ 30 (bisher § 35).

Ausführungsbestimmungen.

Der Finanzminister wird mit der Ausführung dieses Gesetzes beauftragt, insbesondere auch ermächtigt, die zur Ergänzung der gesetzlichen Vorschriften über die Festsetzung des Besoldungsdienstalters erforderliche Ausführungsbestimmungen zu erlassen. Diese sind dem Landtage zur Nachprüfung vorzulegen. In gleicher Weise ist der Finanzminister ermächtigt, Bestimmungen für solche Fälle zu treffen, in denen die besondere Lage der Verhältnisse eine abweichende Regelung geboten erscheinen läßt.

§ 31 (bisher § 37).

Inkrafttreten.

Dieses Gesetz tritt mit Ausnahme des § 14 Abs. 2 Satz 1 mit Wirkung vom 1. April 1920 in Kraft.[1]) § 14 Abs. 2 Satz 1 tritt mit dem 1. April 1930 in Kraft.

---

[1]) Soweit nicht in den Abänderungsgesetzen für einzelne der vorstehenden neuen Bestimmungen ein anderer Zeitpunkt des Inkrafttretens bestimmt ist.

Anlage 1.
(§ 1).

Besoldungsordnung
für die planmäßigen unmittelbaren Staatsbeamten.

Vorbemerkungen.

1. Die in einzelnen Besoldungsgruppen mit dem Zeichen •) versehenen Beamten erhalten die Bezüge dieser Gruppen, sobald ihnen eine planmäßige Aufrückungsstelle verliehen worden ist.
2. Weibliche Beamte in den mit einem Kreuz †) bezeichneten Stellen erhalten die Grundgehaltssätze um 10 v. H. gekürzt. Auf die Berechnung des Ortszuschlags ist die Kürzung des Grundgehalts ohne Einfluß.

Abschnitt I.

1. Aufsteigende Gehälter.

A. Gehälter mit festen Grundgehaltssätzen.

Gruppe 1.

684—714—744—768—798—828—852—882—912 Goldmark jährlich.

Ablagewärter, Hauswärterinnen bei den Staatstheatern — künftig wegfallend.

Gruppe 2.

750—780—810—846—876—906—942—972—1002 Goldmark jährlich.

Amtsgehilfen, Kassengehilfen, Rohrleitungsaufseher, Weideaufseher, Parkaufseher, Rehnenmeister, Spreewehrwärter, Domänenrentwarte, Pförtner, Pförtner [2]), Akademiegehilfen, Ateliergehilfen, Bibliotheksgehilfen, Institutsgehilfen, Schulgehilfen, Heizer, Museumsaufseher [1]), Museumsaufseherinnen, Pedelle (bisher teilweise Amtsgehilfen), Schloßaufseher, Eichwarte, Bahnwärter, Justizunterwachtmeister, Unterwachtmeister bei den Strafvollzugsämtern, Polizeiamtsgehilfen, Polizeiunterwachtmeister, Hausmeister bei der Schutzpolizei, Schleusenmeister, Leuchtfeuerwärter, Signalwärter, Steuermänner, Schiffbrückenaufseher, Brückenaufseher, Stackmeister, Gestütwärter.

---

[1]) Die am 1. April 1920 im Amte befindlich gewesenen Museumsaufseher (bisher Zeugwarte 2. Klasse) beim Zeughaus in Berlin erhalten für ihre Person die Bezüge der Gruppe 3.

[2]) Die am 31. März 1920 im Amte befindlich gewesenen Pförtner bei Ministerien und sonstigen Zentralbehörden erhalten für ihre Person die Bezüge der Gruppe 3.

Gruppe 3.

822—858—894—924—960—990—1026—1056—1092 Goldmark jährlich.

Ministerialamtsgehilfen, Amtsmeister (bisher Botenmeister), Amtsgehilfen beim Geh. Staatsarchiv in Berlin, bei der Oberrechnungskammer, bei der Verwaltung der Duisburg-Ruhrorter Häfen, beim Oberverwaltungsgericht und bei den Landjägerschulen, beim Evangelischen Oberkirchenrat, bei den staatlichen Bildungsanstalten, Amtsgehilfen •), Kassengehilfen •), Gärtner, Wiesenmeister, Weideverwalter, Brunnenmeister, Bademeister, Parkwärter, Hausmeister, Domänenrentwarte •), Unterförster, Pedelle (bisher teilweise Hausmeister), Zähler, Badekartenverkäuferinnen, Badepolizeiwachtmeister [1]), Kohlenmesser, Schlafhausmeister, Wegebauaufseher, Grubenoberwächter, Drucker,

Zimmermann bei der Verwaltung des Tiergartens in Berlin, Eichwarte •), Oberbahnwärter, Rottenführer, Weichenwärter, Brückenoberaufseher, Rangierer, Stellwerksschlosser, Justizwachtmeister [2]), Strafanstaltswachtmeisterinnen, Kreisamtsgehilfen und Oberamtsgehilfen, Polizeiamtsgehilfen •), Schauhausgehilfen, Polizeiwachtmeister, Polizeigefängniswachtmeisterinnen, Hausmeister •) bei der Schutzpolizei, Institutsgehilfen •), Technische Amtsgehilfen, Laboratoriumsgehilfen, Pedelle (bisher teilweise Hausverwalter bei den tierärztlichen Hochschulen), Maschinisten, Oberschleusenmeister, Leuchtfeuer- und Signaloberwärter, Buschaufseher, Schiffbrückenoberaufseher, Gestütoberwärter, Kastellane, Hausmeisterinnen, Hausinspektor beim Kunstgewerbemuseum in Berlin, Museumsoberaufseher, Oberaufseher im Bereiche der Verwaltung des Ministeriums für Wissenschaft, Bibliotheksgehilfen •), Museumsaufseher •), Pedelle (bisher teilweise Amtsgehilfen) •), darunter 1 zugleich Kassengehilfe, Pförtner •), Kastellan •), zugleich Hilfspedell und Karzeraufseher bei der Universität Königsberg, Akademiegehilfen •), Ateliergehilfen •), Heizer •), Schulgehilfen •), Materialverwalter, Mechaniker, Oberformer, Unterförster beim Münsterschen Studienfonds, Bühnenmaschinisten, Theaterwarte, Beleuchter, Garderobiers, Garderobieren, Requisiteure, Statisten, Institutsgehilfen bei der Verwaltung der Observatorien und dem Geodätischen Institut bei Potsdam, Erziehungsgehilfinnen (bisher Aufseherinnen bei den Staatlichen Erziehungsanstalten).

---

[1]) Die am 31. März 1920 im Amte befindlich gewesenen Inhaber der Stellen erhalten für ihre Person die Bezüge der Gruppe 4.

[2]) Ein durch den Haushaltsplan zu bestimmender Teil der Stellen ist demnächst wegfallend und für den Fall der Erledigung in Stellen für Justizunterwachtmeister der Gruppe 2 umzuwandeln.

Gruppe 4.

942—984—1026—1062—1104—1140—1182—1218—1260 Goldmark jährlich.

Kanzleiassistenten [1]), Fischmeister bei der Domänenverwaltung, Grabenmeister, Erste Brunnenmeister, Erste Bademeister, Torf-, Flöß- usw. Meister, Wiesenverwalter, Produkten-, Materialien- usw. Aufseher, Kanalaufseher, Schleusenverwalter, Dünenwart (bisher Dünenaufseher), Fährmeister, Oberbeschlagschmiede, Obertischler, Stut-, Sattel- und Futtermeister, Erziehungsgehilfen (bisher Aufseher bei den staatlichen Erziehungsanstalten), Erziehungsobergehilfinnen (bisher Oberaufseherinnen), Obergärtner, Rebobergärtner, Gartenmeister bei der Tiergartenverwaltung in Berlin, Münzmechaniker, Münzwerkmeister, Obermechaniker, Oberzähler, Telegraphisten, Oberkohlenmesser, Salzsteuerwart, Badepolizeioberwachtmeister, Küster beim Charitékrankenhaus in Berlin, Aquarienverwalter, Schloßbauwart bei der Schloßverwaltung in Marienburg, Gruppenleiter bei den Staatstheatern, Statistenführer bei den Staatstheatern in Berlin, Laboratoriumswerkmeister bei den Technischen Hochschulen, Laboranten, Technischer Gehilfe bei der Nationalgalerie, Lokomotivheizer, Rangieraufseher, Rottenaufseher, Oberweichenwärter, Schiffsführer, Baggerführer, Hafenpolizeioberwachtmeister [2]), Brückengelderheber, Magazinverwalter, Maschinisten •), Obermaschinisten, Hafenbauaufseher, Vollziehungsbeamte, Justizoberwachtmeister als Amtsmeister bei großen Behörden, Strafanstaltsoberwachtmeister, Strafanstaltsoberwachtmeisterinnen, Polizeioberwachtmeister, Polizeigefängnisoberwachtmeister, Polizeigefängnisoberwachtmeisterinnen, Landjäger [3]), Polizei- und Kriminalbetriebsassistenten [2]), Schiffahrtspolizeibetriebsassistenten (bisher Schiffahrtspolizeioberwachtmeister) [2]), Polizeikanzleiassistenten [1]), Amtsgehilfen •) beim Geh. Staatsarchiv in Berlin, bei der Oberrechnungskammer, beim Oberverwaltungsgericht, beim Evangelischen Oberkirchenrat, Ministerialamtsgehilfen •), Amtsmeister (bisher Botenmeister bei der Oberrechnungskammer, beim Oberverwaltungsgericht, beim Evangel. Oberkirchenrat, bei besonders großen Behörden, Ministerialamtsmeister (bisher Ministerialboten-

---

[1]) Die am 31. März 1920 im Amte befindlich gewesenen Inhaber der Stellen erhalten für ihre Person die Bezüge der Gruppe 5; die am 31. März 1920 vorhanden gewesenen Anwärter auf Stellen für Kanzleiassistenten und die am 31. März 1920 vorhanden gewesenen Justizkanzleigehilfen gelten bei Bemessung ihrer Dienstbezüge als Stellenanwärter der Gruppe 5, s. auch Fußnote 4.

[2]) Die am 31. März 1920 im Amt befindlich gewesenen Inhaber der Stellen erhalten für ihre Person, soweit sie 16 Dienstjahre vollendet hatten, die Bezüge der Gruppe 5.

[3]) Die am 31. März 1920 im Amt befindlich gewesenen Inhaber der Stellen erhalten für ihre Person, sobald sie 16 Dienstjahre vollendet haben, die Bezüge der Gruppe 5.

[4]) Die in Fußnote 1 genannten Kanzleibeamten erhalten — und zwar die Anwärter bei ihrer Anstellung — die Amtsbezeichnung „Kanzleisekretär".

meister), Ministerialhausinspektoren, Oberpedelle, Hausinspektoren bei der Oberrechnungskammer, beim Oberverwaltungsgericht, bei der Landwirtsch. Hochschule in Berlin, bei größeren Universitätsanstalten.

Gruppe 5.

1104—1152—1200—1242—1290—1332—1380—1422—1470 Goldmark jährl.

Kanzleisekretäre, Maschinenmeister, Magazinmeister, Fischmeister bei der landwirtschaftlichen Verwaltung, Fischmeister in Sonderstellungen bei der Domänenverwaltung, Fischereisachverständiger bei der Biologischen Anstalt auf Helgoland, Strommeister, Gartenmeister beim Botanischen Garten in Berlin-Dahlem, Oberstut-, Obersattel-, und Oberfuttermeister, Modellmeister bei der Bergakademie in Klausthal, Bohrmeister, Münzobermechaniker, Münzwerkmeister, Werkführer, Leitungswerkführer, Erster Laboratoriumswerkmeister (bisher Erste Laboranten bei den Technischen Hochschulen), Hausväter, Oberaufseher, Lagerverwalter, Oberzähler ●), Obergeldzähler ●), Reservelokomotivführer, Lokomotivoberheizer, Rangiermeister, Wagenmeister, Rottenmeister, Stellwerksmeister, Gerichtskassenvollzieher (bisher Gerichtskostenerheber bei größeren Kassen), Obervollziehungsbeamte, Eisenbahnassistenten, Hafenpolizeiassistenten, Schiffahrtspolizeiassistenten [1], Polizei- und Kriminalassistenten [1], Polizeiassistenten, Hafenbauassistenten (bisher Hafenbauaufseher), Wasserstraßenassistenten, Schleusenassistenten, Kapitäne, Fährbetriebsleiter, Dünenoberwarte (bisher Dünenoberaufseher), Registraturassistenten, Justizbüroassistenten (bisher Registraturassistenten), Bibliotheksassistenten, Bibliotheksexpedienten, Alumnatsassistenten bei den Staatlichen Bildungsanstalten, Ministerialbüroassistentinnen (bisher Büroassistentinnen in den Ministerien), Oberpfleger, Oberpflegerinnen, Strafanstaltshauptwachtmeister, Polizeigefängnishauptwachtmeister, Polizeiwerkführer, Oberlandjäger, Oberbeschlagmeister bei den Polizeiverwaltungen, Vorsteherin des Polizeigewahrsams in Berlin, Polizeikanzleisekretäre, Polizeileutnants während der ersten vier Dienstjahre als solche, Oberpräparatoren, Hilfsrestauratoren,

Verwalter des Schuhmagazins, Frühschichtmeister, Hausinspektoren, Technischer Assistent, Beleuchtungsaufseher, Dekorationsmaler, Obergarderobieren, Requisitenverwalter, Zuschneider	bei den Staatstheatern in Cassel und Wiesbaden,
Theatermeister, Chorinspizient, Obergarderobiers, Garderobenmeister, Garderobenmeisterin, Oberrequisiteure, Oberbeleuchter, Werkmeister, Oberfriseure	bei den Staatstheatern in Berlin.

[1]) Die am 31. März 1920 im Amt befindlich gewesenen Inhaber der Stellen erhalten für ihre Stellen die Bezüge der Gruppe 6.

Gruppe 6.

1302—1356—1410—1464—1518—1572—1626—1680—1734 Goldmark jährl.

Domänenbausekretäre [1] (bisher Kulturbausekretäre), Forstsekretäre, Verwaltungssekretär bei der forstlichen Hochschule, Lotteriesekretäre, Bergsekretäre [1], Bergvermessungssekretäre [1] (bisher Zeichner bei den Oberbergämtern), Wasserstraßensekretäre, Ministerialkanzleisekretäre, Ministerialbüroassistentinnen ●), Kanzleisekretäre bei der Oberrechnungskammer, bei dem Oberverwaltungsgericht, bei dem Staatsrat, bei dem Evangel. Oberkirchenrat, Kanzleiinspektoren als Kanzleivorsteher, Kanzleiinspektor bei einem Strafvollzugsamt, Kanzleivorsteher beim Fürsorgeamt für Beamte aus den Grenzgebieten, Archivsekretäre [1], Vermessungssekretäre [1], Katastersekretäre [1], Regierungssekretäre [1], Regierungsbausekretäre [1], Kassensekretäre bei Kreiskassen, Sekretäre [1] bei gewerblichen Fachschulen, bei den Strafvollzugsämtern, Eichungssekretäre [1], Hafenpolizeisekretäre [1], Wasserbausekretäre [1], Eisenbahnsekretäre [1], Hafensekretäre [1], Hafenkassensekretäre [1], Justizsekretäre [1], Strafanstaltssekretäre [1], Strafanstaltssekretärinnen [1], Kreissekretäre [1] (bisher Kreisamtssekretäre), Kriminalsekretäre [1], Polizeisekretäre [1], Polizeitelegraphensekretäre [1], Technische Polizeisekretäre [1], Sekretäre beim Statistischen Landesamt, Landeskultursekretäre [1] (bisher Kultursekretäre), Kulturbausekretäre [1], Gestütsekretäre [1], Gestütbausekretär [1] (bisher Gestütkulturbausekretär), Landjägereisekretäre [1], Verwaltungssekretäre [1], Alumnatssekretäre, Theatersekretäre [1], Maschineriesekretär, Kassensekretär bei den Staatstheatern in Berlin, Verwaltungssekretäre [1] (bisher Bürosekretäre bei den Anstalten und Instituten des Volksgesundheitswesens), Moorvögte [1], Verwalter der Dinnmernwiesen, Grabensteiger, Erste Maschinenmeister, Förster, Gartenverwalter bei der forstlichen Hochschule (bisher Akademischer Gartenverwalter), Eichmeister [1], Mittlere

Werksbeamte ohne abgeschlossene Fachschulbildung [1]), Rechnungsführer bei gewerblichen Fachschulen [1]), Erste Maschinenmeister [1]) (bisher Werkmeister bei Maschinenbauschulen), Beschußmeister, Gewerbepflegerinnen [1]), Materialienverwalter bei der Porzellanmanufaktur, Lokomotivführer, Werkmeister [1]), Schiffskapitäne, Kippmeister, Leitungswerkmeister, Erste Werkmeister, Obergerichtsvollzieher [1]) (bisher Gerichtsvollzieher), Polizeiwerkmeister [1]), Landjägermeister [1]), Polizeileutnants mit mehr als vier Dienstjahren als solche, Erste Fischmeister (bisher Fischmeister in Sonderstellung bei der Landwirtsch.-Verwaltung), Deichvögte [1]), Schleusenvorsteher, Abgabenrevisoren, Bauhofsvorsteher [1]), Schleppbetriebsleiter, Schiffbrückenmeister, Obermaterialienverwalter bei der höheren Lehranstalt für Wein-, Obst- und Gartenbau in Geisenheim, Gestütaufseher, Bibliothekserpedienten in Stellen von besonderer Bedeutung, Rendant bei den Erziehungs- und Bildungsanstalten in Droyssig, Rendant und Sekretär bei der Landeskulturanstalt in Spandau, bei der Blindenanstalt in Steglitz, Obergartenmeister, Ständige Techniker [1]), Restauratoren [1]), Technische Inspektoren [1]), Kunstformer, Gießer, Inspektoren bei den staatlichen Bildungsanstalten [1]), Beleuchtungsinspektoren [1]), Garderobeinspektor.

---

[1]) Die am 31. März 1920 im Amt befindlich gewesenen Inhaber von planmäßigen Stellen der ehemaligen Assistentenklasse erhalten im Rahmen der im Staatshaushaltsplane vorgesehenen Stellenzahl und nach näherer Maßgabe der vom Staatsministerium entsprechend dem Schiedsspruch des Reichsschiedsgerichts zu treffenden Anordnungen die Bezüge der Gruppe 7.

Gruppe 7.[1])

1590—1650—1710—1800—1860—1920—2010—2070—2130 Goldmark jährl.

Forstsekretäre •), Verwaltungssekretär bei der forstlichen Hochschule (bisher Sekretär der forstlichen Hochschule) •), Kanzleisekretäre •) bei der Oberrechnungskammer, beim Landeswasseramt, beim Oberverwaltungsgericht, Kanzleisekretär •) beim Evangelischen Oberkirchenrat (bisher Kanzleisekretär) •), Ministerial-Kanzleisekretäre •), Domänenbauoberbausekretäre (bisher Technische Regierungsobersekretäre), Forstobersekretäre, Lotterieobersekretäre, Münzobersekretäre, Bergobersekretäre, Obersekretäre, Kassenobersekretäre beim Finanzministerium, Regierungsobersekretäre, Kassenobersekretäre, Rentenbauobersekretäre (bisher Obersekretäre bei den Rentenbanken), Regierungsbauobersekretäre (bisher Technische Regierungsobersekretäre und Regierungsoberbausekretäre), Katasterobersekretäre, Eichungsobersekretäre, Hafenpolizeiobersekretäre, Justizobersekretäre, Dolmetscherobersekretäre, Justizobersekretäre (bisher Obersekretäre bei den Strafvollzugsämtern), Kreisobersekretäre (bisher Kreissekretäre), Oberamtssekretäre, Kreisversicherungsobersekretäre, Polizeiobersekretäre, Polizeikassenobersekretäre, Polizeitelegraphenobersekretäre, Landjägerobersekretäre, Landeskulturobersekretäre (bisher Kulturobersekretäre), Verwaltungsobersekretär (bisher Obersekretär bei den Tierärztl. Hochschulen), Verwaltungsbauobersekretär (bisher Kulturoberbausekretär b. d. Landwirtsch. Hochschule in Bonn-Poppelsdorf, Wasserbauobersekretäre, Wasserstraßenobersekretäre, Kulturbauobersekretäre (bisher Kulturoberbausekretäre), Gestütobersekretär (bisher Oberverwaltungssekretär), Konsistorial-Obersekretäre (bisher Obersekretäre beim Konsistorium), Provinzialschul-Obersekretäre (bisher Obersekretäre beim Provinzialschulkollegium), Hochschul-Obersekretäre (bisher Obersekretäre bei den Hochschulen), Museums-Obersekretäre (bisher Obersekretäre bei den Museen), Akademie-Obersekretäre (bisher Obersekretäre bei der Akademie der Künste), Universitäts-Obersekretäre (bisher Obersekretäre bei den Universitäten), Charité-Obersekretäre (bisher Obersekretäre bei dem Charitékrankenhaus in Berlin), Theaterobersekretäre bei den Staatstheatern, Bibliotheksobersekretäre (bisher teilweise Bibliothekssekretäre), Bibliotheksobersekretärinnen (bisher teilweise Bibliothekssekretärinnen), Verwaltungsobersekretäre, Verwaltungsbauobersekretäre (bisher Technische Regierungsobersekretäre bei der Landesanstalt für Wasserhygiene), Moorvögte •), Weinbergsverwalter, Kellerverwalter, Revierförster, Forstverwalter (bisher Verwaltende Revierförster), Forstschullehrer (bisher Lehrer an den Forstschulen), Förster •), Kartographen, Mittlere Werksbeamte mit abgeschlossener Fachschulbildung, Ministerial-Kanzleiinspektoren, Kanzleiinspektoren bei der Oberrechnungskammer, beim Oberverwaltungsgericht, beim Evangelischen Oberkirchenrat, Weinbauinspektoren (bisher Garteninspektoren bei den Rebenveredelungsstellen, Garteninspektoren bei der Verwaltung des Tiergartens in Berlin, Plankammerverwalter, Obereichmeister, Oberbeschußmeister,

Buchhalter }
Magazinverwalter } bei der Porzellanmanufaktur,

See- und Binnenlotsen, Hafenmeister, Scheibenmodelleur, Fachlehrer, Oberkippmeister, Strafanstaltsinspektoren, Ingenieure bei den Strafanstalten, Strafanstaltsoberinnen, Polizeigefängnisvorsteher (darunter ein Polizeigefängnisinspektor), Polizeioberleutnants während der ersten vier Dienstjahre als solche, Polizeioberwerkmeister, Saat-

zuchtmeister (bisher Saatzuchtleiter), Maschinenbetriebsleiter, Seekapitäne, Dünenmeister, Ökonomieinspektoren, Gestütrendanten, Lehrer in der Gestütverwaltung, Betriebsleiter, Maschineninspektor bei den Staatstheatern in Berlin, Administratoren,
Bibliotheksverwalter } bei den staatlichen Museen in Berlin,
Verwalter der Stoffsammlung }
Rendanten { bei der Waisen- und Schulanstalt in Bunzlau,
bei den staatlichen Bildungsanstalten,
Verwaltende Revierförster, Universitäts-, Kassen- und Quästurkontrolleure, Oberpräparatoren, Vorschullehrer.

---

[1]) Diejenigen in der Besoldungsgruppe 7 aufgeführten Beamten, die am 31. März 1920 in einer Stelle der Gehaltsklassen 21—23 und 54 Nr. 6 (Legationskanzlisten) des Gesetzes, betreffend die Bereitstellung von Mitteln zu Diensteinkommensverbesserungen, vom 26. Mai 1909 (Gesetzsamml. S. 85) planmäßig angestellt waren, erhalten, sobald sie in den Gehaltsklassen 14—23 und 54 Nr. 6 jenes Gesetzes nach einer für die erwähnten Gehaltsklassen 21—23 und 54 Nr. 6 abgelegten Prüfung oder in einer Eingangsstelle der Besoldungsgruppe 7 dieses Gesetzes eine Dienstzeit von insgesamt 10 Jahren zurückgelegt haben, für ihre Person im Wege der Aufrückung die Bezüge der Besoldungsgruppe 8.

Gruppe 8.

1830—1920—2010—2100—2160—2250—2340 - 2430 Goldmark jährlich.

Münzobersekretäre *), Bergobersekretäre *), Lotterieobersekretäre *), Obersekretäre *), Regierungsobersekretäre *), Rentenbankobersekretäre (bisher Obersekretäre bei den Rentenbanken) *), Regierungsbauobersekretäre (bisher Technische Regierungsobersekretäre) *), Katasterobersekretäre *), Hafenpolizeiobersekretäre *), Justizobersekretäre *), Dolmetscherobersekretäre *), Oberamtssekretäre *), Kreisversicherungsobersekretäre *), Polizeiobersekretäre *), Polizeikassenobersekretäre *), Polizeitelegraphenobersekretäre *), Landeskulturobersekretäre (bisher Kulturobersekretäre) *), Kulturbauobersekretäre (bisher Kulturoberbausekretäre) *), Regierungsbauobersekretäre (bisher Regierungsoberbausekretäre), Wasserbauobersekretäre *), Bibliotheksobersekretäre und -obersekretärinnen *). Theaterobersekretäre *), Verwaltungsobersekretäre *), Bergobersekretär bei der Bergakademie in Clausthal, Bergobersekretäre als Vorsteher der Materialien- und Produktenverwaltung und der Inspektionsbüros auf den größeren Berg- und Hüttenwerken und Salinen, als Vorsteher der Lohnbüros, Obersekretäre als Bürovorsteher bei der Ansiedlungskommission, Verwaltungsobersekretäre in den Ministerien, Ministerialregistratoren, Wasserstraßeninspektoren (bisher Wasserstraßenobersekretäre als Bürovorsteher).
Obersekretär { bei dem Kuratorium der Universität in Göttingen,
bei der Preußischen Staatsbibliothek,
Strafanstaltsinspektoren *), Garteninspektoren *), Lotterieinspektoren (bisher Finanzobersekretäre und Lotterieobersekretäre in Beförderungsstellen), Bergrevierinspektoren (bisher Einfahrer),
Regierungsinspektoren } (bisher Regierungsobersekretäre, Kassen-
Kasseninspektoren } obersekretäre als Bürovorsteher),
Regierungsbauinspektoren (bisher Technische Regierungsobersekretäre als Bürovorsteher), Bergverwaltungsinspektoren, Eichverwaltungsinspektoren, Eichungsinspektoren, Beschußinspektor (bisher Oberbeschußmeister), Hafenbetriebsinspektor, Eisenbahninspektor, Kippbetriebsinspektor, Justizinspektoren (bisher Justizobersekertäre im Ministerium), Justizinspektoren, Dolmetscherinspektoren, Justizinspektoren (bisher Inspektoren bei den Strafvollzugsämtern), Kreisinspektoren (bisher Kreissekretäre), Kreisversicherungsinspektoren (bisher Kreisversicherungsobersekretäre), Polizeiinspektoren (bisher Polizeiobersekretäre als Bürovorsteher), Polizeikasseninspektor als Kassierer (bisher Kassierer bei der Polizeihauptkasse in Berlin), Landjägerinspektoren (bisher Landjägerobersekretäre als Bürovorsteher), Landeskulturinspektoren (bisher Kulturobersekretäre als Bürovorsteher), Regierungsbauinspektoren (bisher Regierungsoberbausekretäre als Bürovorsteher), Kulturbauinspektoren (bisher Kulturoberbausekretäre als Bürovorsteher), Weinbauinspektor (bisher Gartenoberinspektor bei den Rebenveredelungsanstalten), Verwaltungsbauinspektor (bisher Kulturoberbausekretär bei der Landwirtschaftlichen Versuchs- und Forschungsanstalt in Landsberg a. W.), Verwaltungsinspektor (bisher Obersekretär bei der Landwirtschaftlichen Hochschule Bonn-Poppelsdorf), Werftinspektoren (bisher Oberbauhofsvorsteher als Bürovorsteher), Wasserbauinspektoren (bisher Wasserbauobersekretäre als Bürovorsteher), Maschinenbetriebsinspektoren, Schleppbetriebsinspektoren, Verwaltungsinspektor als Bürovorsteher (bisher Bürovorsteher bei den staatlichen Museen in Berlin und der Nationalgalerie), Verwaltungsinspektor (bisher Bürovorsteher bei den Universitätskliniken), Verwaltungs-

inspektoren, Verwaltungsinspektoren als Bürovorsteher (bisher Bürovorsteher bei den Anstalten und Instituten des Volksgesundheitswesens), Oberfischmeister für die Küstengewässer und bei der Domänenverwaltung, Gartenoberinspektoren, Wein- bau- oder Kellereiinspektoren, Forstrentmeister, Forstschullehrer (bisher Lehrer an den Forstschulen) •), Verwaltende Revierförster in den Klosterforsten der Provinz Hannover, Garderobenoberinspektor (künftig wegfallend), Medailleur, Materialien- verwalter, Rendanten kleinerer Berg-, Hüttenwerke und Salinen, Oberbuchhalter auf großen Steinkohlenbergwerken, Vorsteher der Zeichenbüros [1]) bei der Geologischen Landesanstalt, Topograph, Obere Werksbeamte 2. Klasse, Mittlere Werksbeamte mit abgeschlossener Fachschulbildung •), Konrektoren an den Vorschulen der Bergschule in Saarbrücken, Kassierer, Rentmeister, Baukommissar, Verkaufsbeamte bei der Porzellan- manufaktur, Seeoberlotsen, Binnenoberlotsen, Eisenbahningenieure, Gewerbeoberschul- lehrerinnen (bisher Handels- und Gewerbelehrerinnen), Pensionatsvorsteherinnen, Justizrentmeister (bisher Rendanten bei Gerichtskassen am Sitze der Landgerichte sowie bei Amtsgerichten mit 3 und mehr Richtern), Amtsgerichtskalkulatoren, Strafanstaltsoberinnen •), Strafanstaltsrentmeister (bisher Strafanstaltskassenren- danten bei den Strafanstalten in Plötzensee und Berlin-Tegel sowie beim Untersuchungsgefängnis Berlin-Moabit), Strafanstaltslehrer und †) Strafanstalts- lehrerinnen, Polizeikommissare, Kriminalkommissare, Polizeirentmeister (bisher Poli- zeikassenrendanten), Polizeioberleutnants mit mehr als 4 Dienstjahren als solche, Grenzkommissare, Lehrer bei der Versuchs- und Forschungsanstalt für Milchwirtschaft in Kiel, Oberbauhofsvorsteher •), Erste Seekapitäne, Lehrer •) in der Gestütverwal- tung, Rendanten der Haupt- und Landgestüte •),
Bibliotheksverwalter •) }
Verwalter der Stoffsammlung •) } bei den staatlichen Museen in Berlin,
Administratoren •), Universitätskassen- und Quästurkontrolleure •), Geschäftsführender Sekretär der Vereinigung für staatswissenschaftliche Fortbildung in Berlin, Erste ständige Techniker, Rentmeister bei dem Materialprüfungsamt in Berlin-Dahlem (bisher Rendant), Rentmeister der staatlichen Museen in Berlin (bisher Rendanten), Rentmeister bei Technischen Hochschulen (bisher Rendanten und Obersekretäre), Rentmeister der staatlichen Bildungsanstalten in Berlin-Lichterfelde (bisher Rendant), Bürobeamter bei der Universität Berlin, Rendanten •) bei den staatlichen Bildungs- anstalten, Rentmeister der Charité in Berlin (bisher Rendant), Bibliothekar bei der Hochschule für Musik in Charlottenburg, Theaterrentmeister, Chordirektor (künftig wegfallend), Präparandenlehrer.

Oberschullehrer †) Oberschullehrerinnen	bisher	Lyzeallehrer [2]) Gymnasiallehrer Realgymnasiallehrer Oberrealschullehrer Realschullehrer Zeichenlehrer Gesanglehrer Turnlehrer Gewerbelehrerinnen †) Zeichenlehrerinnen †) Gesanglehrerinnen †) Turnlehrerinnen †) Jugendleiterinnen †) Lyzeallehrerinnen	an höheren Lehranstalten,

Nicht akademisch gebildete Oberinnen an den mit den Oberlyzeen verbundenen Frauenschulen, †) Lehrerin für weibliche Handarbeiten,

Hausmutter bei der Blindenanstalt Steglitz,

†) Lehrerin für weibliche Handarbeiten an der Taubstummenanstalt in Neukölln,

†) Technische Lehrerin bei der Taubstummenanstalt in Neukölln,

Rentmeister (bisher Rendanten) bei den Anstalten und Instituten des Volksgesund- heitswesens und den landwirtschaftlichen Lehranstalten.

Lehrer und †) Lehrerinnen bei den staatlichen Erziehungsanstalten.

---

[1]) Einer der am 31. März 1920 im Amte befindlich gewesenen Inhaber der Stelle erhält für seine Person die Bezüge der Gruppe 10.

[2]) Diejenigen Oberschullehrer — bisher Lyzeallehrer, früher ordentliche Lehrer — an den höheren Lehranstalten für die weibliche Jugend, die am 31. März 1920 das Gehalt der ordentlichen Seminarlehrer (Gehaltsklasse 24b des Ges. vom 26. Mai 1909 — GS. S. 85 — bezogen, erhalten für ihre Person die Bezüge der Seminaroberlehrer (bisher ordentliche Lehrer an den Lehrerseminaren).

Gruppe 9.

2160—2250—2340—2460—2550—2670—2760—2850 Goldmark jährlich.

Eichungsinspektoren •).
Domänenrent- und Bauoberinspektoren (bisher Domänenrent- und Bauinspektoren).
Lotterieoberinspektoren (bisher Finanzobersekretäre bei der Lotterieverwaltung).
Bergverwaltungsoberinspektoren (bisher der Erste Bürovorsteher an Oberbergämtern und am Knappschaftsversicherungsamte Dortmund sowie Erste Bürovorsteher der Bernstein-, der Ober-, der Unterharzer Berg- und Hüttenwerke).
Bergrevieroberinspektor (bisher Obereinfahrer).
Kassenoberinspektor (bisher Kassenobersekretär in Sonderstellung beim Finanzministerium).
Präsidaloberinspektoren (bisher Präsidialsekretäre).
Rentenbankoberinspektoren (bisher Rentenbankobersekretäre bei den Rentenbanken und Kontrolleur bei der Rentenbank in Berlin).
Regierungsoberinspektoren
Kassenoberinspektoren } (bisher Regierungsobersekretäre und Kassenobersekretäre in Sonderstellungen).
Regierungsbauoberinspektoren (bisher Technische Regierungsobersekretäre in Sonderstellungen).
Eichungsoberinspektoren.
Oberinspektor (bisher Obersekretär in Sonderstellung) beim Provinzialschulkollegium Berlin — Abteilung für das Fach- und Fortbildungsschulwesen.
Hafenbüro-Oberinspektor (bisher Hafenpolizeiobersekretär in Sonderstellung).
Hafenpolizei-Oberinspektoren (bisher Hafeninspektoren).
Eisenbahnoberinspektor.
Justizoberinspektoren.
Dolmetscheroberinspektoren.
Kassenoberinspektoren (bisher Hauptkassenkontrolleure bei den besonders organisierten Gerichtskassen).
Kassenoberinspektor als Vorsteher des Einziehungsamts bei der Gerichtskasse Berlin-Mitte.
Justizoberinspektor (bisher Zwangsverwaltungsinspktor).
Justizoberinspektor (bisher Gerichtsvollzieher-Inspektor beim Amtsgerichte Berlin-Mitte).
Kreisoberinspektoren (bisher Kreissekretäre in Sonderstellungen).
Kriminaloberinspektoren (bisher Kriminalinspektoren).
Polizeipräsidialoberinspektor (bisher Zentralbürovorsteher).
Polizeioberinspektoren (bisher { Polizeiinspektoren,
Kalkulaturvorsteher,
Polizeiobersekretäre in Sonderstellungen).
Polizeikassenoberinspektoren (bisher Polizeikassenobersekretäre in Sonderstellungen).
Landjägereioberinspektoren (bisher Landjägerobersekretäre in Sonderstellungen).
Oberinspektoren beim Oberlandeskulturamt (bisher Obersekretäre).
Verwaltungsoberinspektoren (bisher Zentralbürovorsteher) bei den Landwirtschaftlichen und Tierärztlichen Hochschulen.
Landeskulturoberinspektoren (bisher Kulturobersekretäre in Sonderstellungen).
Verwaltungsoberinspektor (bisher Obersekretär in Sonderstellung bei der Tierärztlichen Hochschule in Hannover).
Regierungsbauoberinspektoren
Kulturbauoberinspektoren } (bisher Regierungsoberbausekretäre bzw. Kulturoberbausekretäre in Sonderstellungen).
Weinbauoberinspektor (bisher Gartenoberinspektor).
Wasserbauoberinspektoren (bisher Wasserbauobersekretäre in Sonderstellungen).
Verwaltungsoberinspektoren als Zentralbürovorsteher (bisher Zentralbürovorsteher bei {
den Technischen Hochschulen,
der Preußischen Staatsbibliothek,
den staatlichen Museen in Berlin,
dem Charitékrankenhaus in Berlin,
dem Materialprüfungsamt in Berlin-Dahlem,
dem Meteorologischen Institut in Berlin nebst Observatorien bei Potsdam,
dem Geodätischen Institut bei Potsdam,
der Akademie der Wissenschaften).
Verwaltungsoberinspektor bei Universitäten (bisher Kuratorialbürovorsteher, Bürovorsteher bei Universitäten, Zentralbürovorsteher bei der Universität Berlin).
Gartenoberinspektor beim Botanischen Garten in Berlin-Dahlem.
Präsidialoberinspektoren (bisher Zentralbürovorsteher bei den Konsistorien und den Provinzialschulkollegien).
Verwaltungsoberinspektor als Bürovorsteher (bisher Bürovorsteher bei den staatlichen Museen in Berlin).
Oberinspektoren (bisher Obersekretäre in Sonderstellungen).
Konsistorialoberinspektoren (bisher Konsistorialobersekretäre in Sonderstellungen).
Verwaltungsoberinspektoren.

Bibliotheksoberinspektoren und -oberinspektorinnen (bisher Bibliotheksobersekretäre und -obersekretärinnen in Sonderstellung).
Verwaltungsoberinspektor als Zentralbürovorsteher (bisher Bürovorsteher bei den Anstalten und Instituten des Volksgesundheitswesens).
Theateroberinspektoren (bisher Theaterobersekretäre in Sonderstellung).
Obersekretäre als Bürovorsteher beim Statistischen Landesamt.
Domänenoberrentmeister (bisher Domänenrentmeister).
Domänenoberrentmeister (bisher Domänenrent- und Oberfischmeister).
Oberrentmeister.
Forstoberrentmeister (bisher Forstrentmeister bei den großen Forstkassen).
Bergoberrentmeister (bisher Rendanten bei den Oberbergämtern und der Geologischen Landesanstalt).
Oberrentmeister (bisher Rendant beim Reichs- und Staatsanzeiger).
Oberrentmeister (bisher Rentmeister bei den großen Kreiskassen sowie beim Fürsorgeamte für Beamte aus den Grenzgebieten).
Justizoberrentmeister.
Polizeioberrentmeister (bisher Polizeikassenrendanten).
Oberrentmeister (bisher Rendanten bei den Landwirtschaftlichen und Tierärztlichen Hochschulen).
Oberrentmeister bei Technischen Hochschulen (bisher Rendanten).
Landjägereioberrentmeister (bisher Rentmeister bei der Landjägerei).
Güterdirektoren.
Kurdirektor.
Rendanten, Kontrolleur, Buchhaltereivorsteher } bei der Lotterieverwaltung und der Berg-, Hütten- und Salinenverwaltung.
Buchhalter und Kontrolleur bei der Münzverwaltung.
Zweiter Münzingenieur
Hauptrendanten bei den besonders großen Steinkohlenbergwerken.
Rechnungsrevisoren.
Hauptbuchhaltereivorsteher, Lagerverwalter, Vorsteher der Zweiggeschäftsstelle } der Bernsteinwerke.
Obere Werksbeamte 1. Klasse.
Betriebsführer.
Vorsteher des Revisionsbüros und des Handelsbüros der Bergwerksdirektionen.
Markscheider.
Konrektor •) an den Vorschulen der Bergschule in Saarbrücken.
Katasterdirektoren (bisher Katasterkontrolleure).
Regierungslandmesser.
Oberbuchhalter.
Direktor des Tiergartens in Berlin.
Vorsteher des Revisionsbüros, Vorsteher des Direktionsbüros, Hauptkassierer } bei der Porzellanmanufaktur.
Eichungsrentmeister.
Lotsenkommandeure.
Seefahrtoberlehrer (bisher Seefahrtlehrer).
Oberlehrer bei den Baugewerk- und Maschinenbauschulen und sonstigen Fachschulen für Metallindustrie sowie bei den Schiffsingenieur- und Seemaschinistenschulen).
Handelsoberlehrerin (bisher Handelslehrerin).
Gewerbeoberschullehrerinnen (bisher Gewerbelehrerinnen) •) im Bereiche des Min. für Handel und Gewerbe.
Pensionatsvorsteherinnen •).
Oberamtsanwälte (bisher Amtsanwälte).
Bezirksrevisoren bei den Landgerichten und bei dem Amtsgerichte Berlin-Mitte.
Gerichtskassenkuratoren.
Strafanstaltsvorsteher.
Strafanstaltsvorsteherin.
Abteilungsvorsteher.
Oberingenieur.
Strafanstaltsoberlehrer, Strafanstaltsoberlehrerin } (bisher Strafanstaltslehrer, Strafanstaltslehrerin in Sonderstellungen).
Vorsteher bei einem Strafvollzugsamte.
Polizeiräte.
Polizeirechnungsrevisoren (bisher Rechnungsrevisoren beim Polizeipräsidium in Berlin).
Telegrapheningenieur beim Polizeipräsidium in Berlin.
Polizeigefängnisdirektor in Berlin.

Polizeidistriktskommissare — zum Teil künftig wegfallend —.
Polizeihauptleute während der ersten 2 Dienstjahre als solche.
Polizeiapotheker.
Administratoren.
Weinbauoberlehrer } (bisher Fachlehrer an Landwirtschaftlichen Lehranstalten).
Obstbauoberlehrer }
Hauptlehrer.
Gestütttierärzte
Quästoren (bisher Universitätskassenrendanten und Quästoren).
Universitätskassen- und Quästurkontrolleur in Berlin.
Ständige Hilfsarbeiter beim Materialprüfungsamt in Berlin-Dahlem.
Chordirektor — künftig wegfallend — bei den Staatstheatern in Berlin.
Maschineriedirektor bei den Staatstheatern in Cassel und Wiesbaden.
Seminar-Oberlehrer und †)-lehrerinnen (bisher Ordentliche Lehrer und †) Lehrerinnen an den Lehrer- bzw. Lehrerinnenseminaren).
Blindenoberlehrer } (bisher Ordentliche Lehrer an der Blindenanstalt in Steglitz
Taubstummenoberlehrer } an der Taubstummenanstalt in Neukölln).
Waisenhausoberlehrer (bisher Ordentliche Lehrer an der Waisen- und Schulanstalt in Bunzlau).
Oberschullehrerinnen (bisher Gewerbelehrerinnen) •) im Bereiche des Min. für Wissenschaft.
†) Blindenoberlehrerinnen } (bisher †) Ordentliche Lehrerinnen an der Blindenanstalt in Steglitz und an der Taubstummenanstalt in Neukölln).
†) Taubstummenoberlehrerinnen }
Präparandenlehrer •).
Oberschullehrer (bisher Gymnasial- usw., Zeichen-, Gesang-, Turn- und Lyzeallehrer) •).
†) Oberschullehrerinnen (bisher †) Zeichen-, †) Lyzeal-, †) Gesang- und †) Turnlehrerinnen sowie †) Jugendleiterinnen an höheren Lehranstalten) •).
Nicht akademisch gebildete Oberinnen an den mit den Oberlyzeen verbundenen Frauenschulen •).
Lehrer als Hauptlehrer }
†) Lehrerin als Hauptlehrerin } an den staatlichen Erziehungsanstalten.
Oberinnen als Vorsteherinnen }

Gruppe 10.

2550—2670—2790—2910—3030—3150—3270—3390 Goldmark jährlich.

Regierungsräte.
Regierungs- und Vermessungsräte.
Bergräte.
Erste Bergräte (bisher Bergräte als Bergrevierbeamte).
Berg- und Vermessungsräte (bisher Oberbergamtsmarkscheider).
Regierungs- und Bauräte.
Staatsarchivräte (bisher Staatsarchivare).
Regierungs- und Steuerräte.
Regierungs- und Kassenräte (bisher Kassentechnische Regierungsräte).
Regierungsbauräte (bisher Regierungs- und Bauräte in der Ortsinstanz sowie Regierungsoberingenieur bei den Wanderkursen für Heizer und Maschinisten).
Gewerberäte.
Studienräte.
†) Studienrätinnen.
Amtsgerichtsräte.
Landgerichtsräte.
Staatsanwaltschaftsräte.
Justizverwaltungsrat (bisher Verwaltungsreferent beim Kammergericht).
Landräte, Oberamtmänner und Kreisverwalter.
Kreisräte (bisher Landrätliche Hilfsbeamte).
Regierungs- und Versicherungsräte (bisher Versicherungsrevisoren).
Polizeiräte •).
Polizeimedizinalräte (bisher Polizeiärzte).
Polizeiveterinärräte (bisher Polizeitierärzte).
Regierungs- und Landjägerräte.
Regierungs- und Kulturräte.
Vermessungsräte (bisher Regierungsoberlandmesser als leitende Vermessungsbeamte sowie Ständige Hilfsarbeiter im Büro für die Hauptnivellements).
Nichtvollbesoldete Veterinärräte [1]) (bisher nicht vollbesoldete Kreistierärzte) [1]).
Gestütveterinärräte.
Bibliotheksräte (bisher Bibliothekare bei der Preußischen Staatsbibliothek, den Universitätsbibliotheken, dem Seminar für Orientalische Sprachen, der Hochschule für die

bildenden Künste in Charlottenburg, den Technischen Hochschulen und der Landwirtschaftlichen Hochschule in Berlin).
Schulräte (bisher Kreisschulräte).
Studienräte, †) Studienrätinnen (bisher Oberzeichenlehrer, Obermusiklehrer bzw. †) Oberzeichenlehrerinnen, †) Obermusiklehrerinnen an den höheren Lehranstalten für die männliche und weibliche Jugend).
Seminar-Studienräte, †) Seminar-Studienrätinnen (bisher Oberlehrer an den Lehrer- und Lehrerinnenseminaren bzw. †) Oberlehrerinnen an den Lehrerinnenseminaren).
Turnräte, männliche und †) weibliche und Medizinalrat bei der Landesturnanstalt in Spandau.
Vollbesoldete Medizinalräte (bisher vollbesoldete Kreismedizinalräte).
Nicht vollbesoldete Medizinalräte [1]) (bisher nicht vollbesoldete Kreismedizinalräte) [1]).
Regierungs- und Bankräte (bisher Bankinspektoren als banktechnische Revisoren beim Wohnungs- und Siedlungswesen).
Studienräte (bisher Oberlehrer an den Kunstgewerbe-, Handwerker- und keramischen Fachschulen)
Amtsräte (bisher Ministerialsekretäre, technische Ministerialsekretäre).
Amtsräte als Ministerialbibliothekare (bisher Ministerialbibliothekare).
Amtsräte beim Direktorium der Staatsarchive (bisher Bürobeamte), bei der Oberrechnungskammer (bisher Revisoren, Registratoren).
Amtsräte beim Oberverwaltungsgericht (bisher Oberverwaltungsgerichtssekretäre einschließlich Bibliothekar), beim Staatsrat (bisher Bürobeamter beim Staatsrat), beim Evangelischen Oberkirchenrat (bisher Verwaltungsobersekretär).
Amtmänner.
Regierungsbauamtmann (bisher technischer Regierungsamtmann).
Verwaltungsamtmann beim Statistischen Landesamte.
Bergamtmänner. Technische Bergamtmänner. Regierungsamtmänner. Eichungsamtmann.
Justizamtmänner. Polizeiamtmänner.
Regierungsbauamtmänner (bisher Kulturbauamtmänner und technische Amtmänner).
Landeskulturamtmänner (bisher Kulturamtmänner).
Theateramtmänner (bisher Theateroberinspektoren bei den Staatstheatern in Berlin).
Oberförster.
Regierungsoberlandmesser.
Münzoberingenieur (bisher Münzbetriebsinspektor).
Münzwardein.
Erster Münzingenieur.
Bezirksgeologe, Bezirksgeologe und Professor (bisher Bergrat), Kustos, Kustos und Professor (bisher Kustoden), Chemiker, Chemiker und Professor (bisher Chemiker) bei der Geologischen Landesanstalt.
Oberlehrer bei der Bergschule in Saarbrücken.
Revidierende Markscheider.
Markscheider •).
Berghauptkassenrendanten.
Legationssekretär.
Rechnungsdirektor (bisher Universitätskassenrendant und Quästor in Berlin).
Rechnungsdirektor (bisher Vorsteher der Expedition beim Reichs- und Staatsanzeiger).
Kanzleidirektoren bei den Ministerien und Zentralbehörden.
Lektoren.
Katasterdirektoren (bisher Katasterkontrolleure) •).
Regierungslandmesser •).
Landrentmeister.
Provinzialrentmeister bei den Rentenbanken.
Gartendirektor in Pyrmont.
Chemiker, Chemiker und Professor (bisher Chemiker der Versuchsanstalt).
Verkaufsvorsteher, Malereivorsteher bei der Porzellanmanufaktur.
Eichungsdirektoren.
Leiter der Bildhauer- usw. Klasse und Professor (bisher Oberlehrer an den Kunstgewerbe-, Handwerker- und keramischen Fachschulen als Leiter von Entwurfsklassen).
Vorsteherinnen.
Seefahrtoberlehrer (bisher Seefahrtlehrer) •).
Baugewerkschuloberlehrer, Maschinenbauschuloberlehrer, Schiffsingenieurschuloberlehrer, Seemaschinistenschuloberlehrer, Fachschuloberlehrer (bisher Lehrer bei den Baugewerk- und Maschinenbauschulen und sonstigen Fachschulen für Metallindustrie sowie bei den Schiffsingenieur- und Seemaschinistenschulen) •).
Handelsoberlehrerinnen (bisher Handelslehrerinnen) •).

Direktor der Beschußanstalt in Suhl.
Oberamtsanwälte (bisher Amtsanwälte) •).
Direktoren der Rechnungsämter (bisher Rechnungsdirektoren bei den Oberlandesgerichten).
Kassendirektoren. Justizlandrentmeister. Rechnungsoberrevisoren. Strafanstaltsdirektoren.
Strafanstaltspfarrer. Strafanstaltsärzte. Polizeidirektoren. Kriminaldirektoren.
Telegraphendirektor beim Polizeipräsidium in Berlin.
Landrentmeister als Rendant der Polizeihauptkasse in Berlin.
Polizeihauptleute mit mehr als 2 Dienstjahren als solche.
Polizeioberapotheker.
Schulrat bei der Polizeiverwaltung.
Distriktskommissare •).
Verwaltungsdirektor bei der Landjägerei.
Direktoren der chemischen Untersuchungsanstalten bei den Auslandsfleischbeschaustellen.
Oberfischmeister für die Binnengewässer.
Gartenbauoberlehrer, Weinbauoberlehrer, Obstbauoberlehrer (bisher Fachlehrer an den Landwirtschaftlichen Lehranstalten) •).
Chemiker, Chemiker und Professor (bisher Erster Chemiker an der Landesanstalt für Fischerei).
Chemiker beim Landwirtschaftlichen Institut in Halle.
Zentralbürovorsteher beim Oberlandeskulturamte.
Landstallmeister (bisher Gestütdirektoren).
Pfarrer beim Charitékrankenhaus in Berlin.
Oberapotheker beim Charitékrankenhaus in Berlin.
Kustoden, Kustoden und Professoren.
Observatoren, Observatoren und Professoren.
Prosektor beim Anatomischen Universitätsinstitut in Halle (künftig wegfallend).
Ständige Mitglieder, Ständige Mitglieder und Professoren (bisher Ständige Mitglieder beim Materialprüfungsamt in Berlin-Dahlem).
Ständige Mitarbeiter, Ständige Mitarbeiter und Professoren (bisher Ständige Hilfsarbeiter beim Materialprüfungsamt in Berlin-Dahlem) •).
Weltliche Konsistorialräte.
Wissenschaftlicher Beamter (Bibliothekar beim Akademischen Auskunftsamte der Universität in Berlin).
Zweiter Sekretär, Zweiter Sekretär und Professor }
Dritter Sekretär, Dritter Sekretär und Professor } (bisher Zweiter und Dritter Sekretär beim Historischen Institut in Rom).
Akademisch gebildete Oberinnen an den mit Lyzeen und Oberlyzeen verbundenen Frauenschulen.
Akademische Turn- und Sportlehrer.
Prorektoren an den Seminaren.
Oberlehrer an der Blindenanstalt in Steglitz, an der Waisen- und Schulanstalt in Bunzlau.
Seminar-Oberlehrer }
†) Seminar-Oberlehrerinnen } (bisher Ordentliche Lehrer und †) Lehrerinnen an den Lehrer- bzw. Lehrerinnenseminaren) •).
Blindenoberlehrer }
Taubstummenoberlehrer } (bisher Ordentliche Lehrer an der Blindenanstalt in Steglitz und der Taubstummenanstalt in Neukölln) •).
Ordentliche Lehrer •) an der Waisen- und Schulanstalt in Bunzlau.
†) Blindenoberlehrerinnen }
†) Taubstummenoberlehrerinnen } (bisher †) Ordentliche Lehrerinnen an der Blindenanstalt in Steglitz und an der Taubstummenanstalt in Neukölln) •).
Lehrer, Lehrer und Professoren (bisher Lehrer am Seminar für Orientalische Sprachen in Berlin).
Lehrer und Professoren (bisher Lehrer an der Kunstschule in Berlin).
Vorsteher der staatlichen Präparandenanstalten.
Theateroberrentmeister bei den Staatstheatern in Berlin.
Verwaltungsdirektor bei dem Staatstheater Cassel.
Oberturnlehrer und †) Oberturnlehrerinnen.
Medizinalräte als Direktoren der Medizinaluntersuchungsämter.
Wissenschaftliche Mitglieder bei der staatlichen Nahrungsmitteluntersuchungsanstalt und der Landesanstalt für Wasserhygiene.
Erziehungsdirektoren (bisher Direktoren bei den staatlichen Erziehungsanstalten).
Abteilungsvorsteher und Professoren bei den Hygienischen Instituten in Beuthen und Landsberg a. W.

---

[1]) Die nichtvollbesoldeten Medizinalräte und die nichtvollbesoldeten Veterinärräte erhalten 75 v. H. der Grundgehaltssätze der vollbesoldeten Medizinalräte und der vollbesoldeten Veterinärräte.

Gruppe 11.

2940—3090—3240—3360—3510—3630—3730—3930 Goldmark jährlich.

Regierungsräte
Finanzräte
Justizräte
Regierungs- und Bauräte
Regierungs- und Forsträte
Regierungs- und Veterinärräte
Regierungs- und Landesökonomieräte
} in den Ministerien.

Bergräte (bisher Regierungsräte und Oberbergräte im Ministerium für Handel und Gewerbe).
Regierungs- und Forsträte.
Oberbergräte als Mitglieder der Bergwerksdirektionen und der Oberbergämter.
Bergräte in Sonderstellungen.

Regierungs- und Bauräte {
bei der Berg-, Hütten- und Salinenverwaltung,
beim Wohnungs- und Siedlungswesen und beim Siedlungsverband Ruhrkohlenbezirk,
im Finanzministerium, bei den Provinzialbehörden in sonstigen Beförderungsstellen,
als Vertreter des Vorstandes der Verwaltung der Duisburg-Ruhrorter Häfen,
als Vorsteher des Büros für die Hauptnivellements,
bei der Landesanstalt für Gewässerkunde,
bei den Provinzialbehörden und in sonstigen Beförderungsstellen der Landwirtschaftlichen Verwaltung,
bei den staatlichen Museen in Berlin.

Regierungsräte, Finanzrat, Justizrat als Ministerial-Bürovorsteher — in jedem Ministerium einer — (bisher Ministerial-Bürovorsteher).
Erster Staatsarchivrat (bisher Erster Staatsarchivar).
Regierungs- und Gewerberäte.
Regierungs- und Gewerbeschulräte.
Amtsgerichts- und Landgerichtsräte als Vorsitzende der Kammern für Handelssachen, der auswärtigen Strafkammern und als Aufsichtführende Richter bei Amtsgerichten mit 5 und mehr Richtern, soweit nicht in Gruppe 12.
Erste Staatsanwälte als Leiter großer Amtsanwaltschaften, als Abteilungsvorsteher bei großen Staatsanwaltschaften, als Abteilungsvorsteher bei der Amtsanwaltschaft Berlin-Mitte sowie als ständige Vertreter von Oberstaatsanwälten.
Justizräte bei den Strafvollzugsämtern.
Regierungs- und Landjägerräte.
Regierungs- und Kassenrat (bisher Kassentechnischer Regierungsrat) beim Polizeipräsidium in Berlin.
Regierungs- und Volkswirtschaftsräte (Mitglieder des Statistischen Landesamts).
Regierungs- und Polizeirat (bisher Polizeitechnischer Hilfsarbeiter im Ministerium des Innern).
Regierungs- und Kriminalrat (bisher Kriminaltechnischer Hilfsarbeiter im Ministerium des Innern).
Regierungs- und Landjägerrat (bisher Landjägerrat als Hilfsarbeiter im Ministerium des Innern).
Polizeipharmazierat (bisher Polizeioberapotheker als ständiger Hilfsarbeiter im Ministerium des Innern).
Regierungs- und Landeskulturräte bei den Landeskulturämtern.
Regierungs- und Veterinärräte bei der Landwirtschaftlichen Verwaltung.
Verwaltungsrat für die wirtschaftlichen Angelegenheiten der Universitätskliniken und des Charitékrankenhauses.
Regierungs- und Baurat und Akademischer Oberförster bei der Universität in Greifswald.
Regierungs- und Schulräte.
Geistliche Konsistorialräte.
Erste Bibliotheksräte (bisher Oberbibliothekare als stellvertretende Direktoren und als Abteilungsdirigenten im Bereiche der Verwaltung des Ministeriums für Wissenschaft Kunst und Volksbildung).
Regierungsrat bei den staatlichen Museen in Berlin.
Regierungs- und Medizinalräte.
Regierungsräte *).
Erste Bergräte (bisher Bergräte als Bergrevierbeamte) *).
Berg- und Vermessungsräte (bisher Oberbergamtsmarkscheider) *).
Staatsarchivräte (bisher Staatsarchivare) *).

Regierungs- und Steuerräte •).
Regierungs- und Kassenräte (bisher Kassentechnische Regierungsräte) •).
Regierungsbauräte (bisher Regierungs- und Bauräte in der Ortsinstanz sowie Regierungsoberingenieure bei den Wanderkursen für Heizer und Maschinisten) •).
Regierungs- und Bauräte •).
Gewerberäte •).
Studienräte (bisher Oberlehrer bei den Kunstgewerbe-, Handwerker- und keramischen Fachschulen) •).
Amtsgerichtsräte •).
Landgerichtsräte •).
Staatsanwaltschaftsräte •).
Regierungs- und Versicherungsräte (bisher Versicherungsrevisoren) •).
Landräte •) und Oberamtmänner •).
Polizeimedizinalräte (bisher Polizeiärzte) •).
Polizeiveterinärräte (bisher Polizeitierärzte) •).
Veterinärräte (bisher vollbesoldete Kreistierärzte).
Regierungs- und Kulturräte •) als Kulturamtsvorsteher.
Regierungs- und Vermessungsräte •).
Gestütveterinärräte •).
Schulräte (bisher Kreisschulräte) •).
Weltliche Konsistorialräte •).
Turnräte bzw. Medizinalrat •) bei der Landesturnanstalt in Spandau.
Bibliotheksräte (bisher Bibliothekare im Bereiche der Verwaltung des Ministeriums für Wissenschaft, Kunst und Volksbildung) •).
Studienräte •), †) Studienrätinnen •).
Seminar-Studienräte (bisher Oberlehrer an den Lehrer- und Lehrerinnenseminaren) •).
†) Seminar-Studienrätinnen (bisher †) Oberlehrerinnen an den Lehrerinnenseminaren) •).
Medizinalräte (bisher vollbesoldete Kreismedizinalräte sowie vollbesoldete Kreismedizinalräte als Gewerbemedizinalräte und als Hilfsarbeiter bei Regierungen) •).
Regierungs- und Bankräte (bisher Bankinspektoren als Banktechnische Revisoren beim Wohnungs- und Siedlungswesen) •).
Medizinalräte als Direktoren der Medizinaluntersuchungsämter (bisher Direktoren der Medizinaluntersuchungsämter) •).
Erste Amtsräte — sofern mehr als ein Ministerial-Bürovorsteher vorhanden — (bisher Ministerial-Bürovorsteher).
Erste Amtsräte als Oberbuchhalter und als Kassierer der Generalstaatskasse (bisher Oberbuchhalter und Kassierer).
Erste Amtsräte { beim Direktorium der Staatsarchive (bisher Bürovorsteher),
beim Oberverwaltungsgericht (bisher Bürovorsteher),
beim Staatsrat (bisher Erster Bürobeamter),
beim Evangelischen Oberkirchenrat (bisher Bürovorsteher).
Amtsräte (bisher Ministerialsekretäre, technische Ministerialsekretäre) •).
Amtsräte als Ministerialbibliothekare (bisher Ministerialbibliothekare) •).
Amtsräte { bei der Oberrechnungskammer (bisher Revisoren, Registratoren) •),
beim Oberverwaltungsgericht (bisher Oberverwaltungsgerichtssekretäre einschließlich Bibliothekar),
beim Evangelischen Oberkirchenrat (bisher Verwaltungsobersekretäre) •).
Weinbaudirektoren.
Oberförster als Leiter und Lehrer bei den Forstschulen.
Oberförster als Forsttechnischer Beirat beim Regierungspräsidenten in Sigmaringen.
Oberförster •).
Direktoren bei der Generallotteriedirektion.
Obermünzwardein.
Betriebsdirektor als Obermünzmeister (bisher Obermünzmeister).
Oberbergräte als Direktoren kleiner Werke.
Landesgeologen und Professoren (bisher Landesgeologen).
Chemiker •).
Direktor der Bergschule in Saarbrücken, Oberlehrer •) bei der Bergschule in Saarbrücken.
Revidierende Markscheider •).
Direktor und Redakteur beim Reichs- und Staatsanzeiger.
Obereichungsdirektoren •).
Fachschuldirektoren der Fachschulen für Metallindustrie und der keramischen Fachschulen (bisher Direktoren).
Seefahrtschuldirektoren.
Chemiker, Chemiker und Professor (bisher Chemiker bei der Porzellanmanufaktur) •).
Direktorinnen der Handels- und Gewerbeschulen für Mädchen und Lehrerinnenbildungsanstalten.

Leiter der Bildhauer- usw. Klasse und Professor (bisher Oberlehrer bei Kunstgewerbe-, Handwerker- und keramischen Fachschulen) •).
Direktoren der Rechnungsämter (bisher Rechnungsdirektoren) •).
Strafanstaltsdirektoren •).
Strafanstaltspfarrer •).
Strafanstaltsärzte •).
Polizeimedizinalrat, Polizeiveterinärrat als ständige Hilfsarbeiter im Ministerium des Innern.
Polizeimajore.
Polizeioberapotheker in Sonderstellung.
Direktoren •) als Vorsteher der chemischen Untersuchungsanstalt bei den Auslandsfleischbeschaustellen.
Institutsvorsteherstellvertreter.
Landstallmeister (bisher Gestütdirektoren) •).
Landstallmeister als Dirigenten der kleinen Hauptgestüte.
Pfarrer •) beim Charitékrankenhaus.
Oberförster bei dem Stift Neuzelle.
Direktor der Blindenanstalt in Steglitz und der Taubstummenanstalt in Neukölln.
Zweiter Direktor und Professor (bisher Zweiter Direktor des Botanischen Gartens und Museums in Berlin-Dahlem).
Vorsteher der staatlichen Bildstelle in Berlin.
Vorsteher der staatlichen Präparandenanstalten •).
Zweiter Direktor und Professor (bisher Zweiter Direktor des Zoologischen Universitätsmuseums in Berlin).
Direktor des Saalburgmuseums.
Direktor des Museums vaterländischer Altertümer in Kiel.
Ständige Mitglieder, Ständige Mitglieder und Professoren (bisher Ständige Mitglieder beim Materialprüfungsamt in Berlin-Dahlem) •).
Kustoden, Kustoden und Professoren •).
Observatoren, Observatoren und Professoren •).
Wissenschaftliche Mitglieder und Professoren (bisher Wissenschaftliche Mitglieder beim Institut für experimentelle Therapie in Frankfurt a. M.).
Studiendirektoren der Nichtvollanstalten mit weniger als 12 Klassen und an höheren Lehranstalten für die männliche und weibliche Jugend.
Direktor des Akademischen Auskunftsamts an der Universität in Berlin.
Ständige Sekretäre und Professoren (bisher Ständige Sekretäre bei der Akademie der Künste in Berlin).
Lehrer, Lehrer und Professoren (bisher Lehrer am Seminar für orientalische Sprachen in Berlin) •).
Lehrer und Professoren (bisher Lehrer an der Kunstschule in Berlin) •).
Akademisch gebildete Oberinnen an den mit Lyzeen und Oberlyzeen verbundenen Frauenschulen) •).
Studiendirektoren und -Direktorinnen (bisher Seminardirektoren und -Direktorinnen).
Prorektoren •) an den Seminaren.
Oberlehrer an der Blindenanstalt in Steglitz und an der Waisen- und Schulanstalt in Bunzlau •).
Betriebsdirektoren bei den Staatstheatern in Berlin (künftig wegfallend).
Verwaltungsdirektor bei dem Staatstheater in Wiesbaden.
Akademischer Turn- und Sportlehrer •).
Theateroberrentmeister •).
Theateroberinspektor •).
Abteilungsleiter und Professor (bisher Abteilungsleiter bei dem Institut für Infektionskrankheiten „Robert Koch", bei der Landesanstalt für Wasserhygiene und der staatlichen Nahrungsmitteluntersuchungsanstalt).
Wissenschaftliche Mitglieder, Wissenschaftliche Mitglieder und Professoren (bisher Wissenschaftliche Mitglieder bei der staatlichen Nahrungsmitteluntersuchungsanstalt) •).
Abteilungsvorsteher, Abteilungsvorsteher und Professor (bisher Abteilungsvorsteher bei den hygienischen Instituten in Beuthen und Landsberg a. W.) •).
Erziehungsdirektor (bisher Direktor bei den staatlichen Erziehungsanstalten) •).

Gruppe 12.

3480—3660—3870—4050—4230—4440—4620 Goldmark jährlich.

Oberregierungsräte. Oberfinanzräte. Oberjustizräte. Oberbergräte. Oberstudienräte. Oberschulräte. Oberlandesgerichtsräte. Landräte bei großen Landratsämtern. Weltliche Oberkonsistorialräte. Geistliche Oberkonsistorialräte.

Oberregierungs- und -forsträte (bisher Regierungs- und Forsträte in Sonderstellungen).
Erste Bergräte (bisher Bergräte als Bergrevierbeamte in Sonderstellungen).
Oberregierungsräte, Oberfinanzrat, Oberjustizrat als Ministerialverwaltungsdirektoren (bisher Ministerial-Bürodirektoren).
Oberregierungsräte (bisher Regierungsräte in Sonderstellungen).
Regierungsbaurat (bisher Oberbauräte und Regierungs- und Bauräte in Sonderstellungen in der Ortsinstanz).
Oberregierungs- und -bauräte (bisher Oberbauräte und Regierungs- und Bauräte in Sonderstellungen).
Oberregierungs- und Gewerberäte (bisher Oberregierungs- und Gewerberäte und Regierungs- und Gewerberäte in Sonderstellungen).
Oberregierungs- und Gewerbeschulräte (bisher Regierungs- und Gewerbeschulräte in Sonderstellungen).
Gewerberäte in Sonderstellungen.
Polizeiobermedizinalrat (bisher Polizeiarzt in Sonderstellung beim Polizeipräsidium in Berlin).
Polizeimedizinalräte (bisher Polizeiärzte in Sonderstellungen).
Polizeioberveterinärrat (bisher Polizeitierarzt in Sonderstellung beim Polizeipräsidium in Berlin).
Polizeiveterinärräte (bisher Polizeitierärzte in Sonderstellungen).
Oberregierungs- und -landeskulturräte (bisher Regierungs- und Landeskulturräte in Sonderstellungen).
.Oberregierungs- und -veterinärräte (bisher Regierungs- und Veterinärräte in Sonderstellungen).
Oberregierungs- und -schulräte (bisher Oberregierungs- und Schulräte bei den größeren Regierungen und Regierungs- und Schulräte in Sonderstellung).
Medizinalrat als Direktor des Medizinaluntersuchungsamts (bisher Direktor in Sonderstellung bei dem Medizinaluntersuchungsamt).
Oberregierungs- und -medizinalräte (bisher Regierungs- und Medizinalräte in Sonderstellungen).
Verwaltungsdirektoren
- bei der Oberrechnungskammer (bisher Ministerial-Bürodirektor),
- beim Oberverwaltungsgericht (bisher Bürodirektor),
- beim Staatsrat (bisher Bürodirektor).

Direktor der Generalstaatskasse (bisher Rendant).
Direktor der Hauptbuchhalterei (bisher Vorsteher der Hauptbuchhalterei des Finanzministeriums).
Direktor der Technischen Abteilung und Professor (bisher Direktor der Technischen Abteilung bei der Porzellanmanufaktur).
Direktor und Professor (bisher Direktor der Biologischen Anstalt auf Helgoland).
Direktoren und Professoren (bisher Direktoren bei den Hygienischen Instituten in Beuthen und Landsberg a. W.).
Oberforstmeister.
Erster Direktor bei der Lotterieverwaltung.
Obermünzwardein | als Vertreter des Münzdirektors.
Betriebsdirektor als Obermünzmeister (bisher Obermünzmeister) | als Vertreter des Münzdirektors.
Oberbergamtsdirektor (bisher Oberbergrat als Vertreter des Berghauptmanns).
Abteilungsdirektoren und Professoren (bisher Abteilungsdirektoren und Vorsteher der Chemischen Abteilung bei der Geologischen Landesanstalt).
Staatsarchivdirektoren (bisher Direktoren von Staatsarchiven).
Regierungsdirektoren (bisher Oberregierungsräte als Abteilungsdirigenten bei den Regierungen).
Verwaltungsgerichtsdirektoren bei den Regierungen einschließlich der Bau- und Finanzdirektion in Berlin).
Regierungsdirektor (bisher Oberregierungsrat als Vertreter des Leiters des Fürsorgeamts für Beamte aus den Grenzgebieten).
Regierungsdirektoren als Direktoren der Oberversicherungsämter (bisher Oberregierungsräte als Direktoren der Oberversicherungsämter).
Oberstudiendirektoren bei großen Baugewerk- und Maschinenbauschulen (bisher Direktoren der großen Baugewerkschulen und Maschinenbauschulen).
Oberstudiendirektoren für die Schiffsingenieur- und Seemaschinistenschulen in Stettin und Flensburg sowie die Fachschulen für Seemaschinisten in Geestemünde (bisher Direktoren).
Oberseefahrtschuldirektor in Altona (bisher Direktor der Seefahrtschule in Altona).
Studiendirektoren bei Baugewerk- und Maschinenbauschulen (bisher Direktoren).
Studiendirektoren bei Kunstgewerbe- und Handwerkerschulen (bisher Direktoren).
Obereichungsdirektor in Sonderstellung.

Direktor beim Provinzialschulkollegium in Berlin (bisher Oberregierungsrat als Leiter der Abteilung für das Fach- und Fortbildungsschulwesen bei dem Provinzialschulkollegium in Berlin).
Landgerichtsdirektoren.
Amtsgerichtsdirektoren bei Amtsgerichten mit 10 und mehr Richtern; soweit mehrere vorhanden sind, der erste aufsichtsführende Richter und die beiden Vertreter des Amtsgerichtspräsidenten beim Amtsgericht Berlin-Mitte (bisher Aufsichtführende Richter).
Oberstaatsanwälte.
Oberstrafanstaltsdirektoren bei den Strafgefängnissen in Plötzensee und Berlin-Tegel sowie dem Untersuchungsgefängnisse Berlin-Moabit).
Strafanstaltsoberpfarrer (bisher Strafanstaltspfarrer in Sonderstellungen).
Polizeipräsidenten — soweit nicht in Gruppe 13 oder Gruppe II der Einzelgehälter aufgeführt —.
Regierungsdirektor (bisher Oberregierungsrat als Abteilungsleiter beim Polizeipräsidium Berlin).
Polizei-Oberstwachtmeister als Kommandeure der uniformierten Polizei und im Ministerium des Innern.
Direktor des Polizeikrankenhauses in Berlin.
Landeskulturdirektoren (bisher Oberregierungsräte bei den Landeskulturämtern).
Landeskulturgerichtsdirektoren (bisher Kulturgerichtsdirektoren).
Institutsdirektoren und Professoren (bisher Institutsvorsteher bei der Versuchs- und Forschungsanstalt für Tierzucht in Tschechnitz sowie bei den Versuchs- und Forschungsanstalten in Landsberg a. W. und Kiel).
Institutsdirektor (bisher Institutsvorsteher bei der Versuchs- und Forschungsanstalt für Getreideverarbeitung in Berlin).
Direktoren der höheren landwirtschaftlichen Lehranstalten in Proskau und Geisenheim.
Oberstallmeister (bisher Landstallmeister).
Direktor beim Provinzialschulkollegium Berlin (bisher Oberregierungsrat als Abteilungsleiter).
Universitätsrichter an der Universität in Berlin.
Wissenschaftliche Beamte und Professoren (bisher Wissenschaftliche Beamte bei der Akademie der Wissenschaften).
Ärztlicher Direktor } beim Charitékrankenhaus in Berlin.
Verwaltungsdirektor } beim Charitékrankenhaus in Berlin.
Abteilungsvorsteher und Professoren (bisher Abteilungsvorsteher bei dem Materialprüfungsamt in Berlin-Dahlem, bei dem Geodätischen Institut bei Potsdam und beim Meteorologischen Institut in Berlin nebst Observatorien bei Potsdam).
Abteilungsdirektoren bei der Preußischen Staatsbibliothek in Berlin.
Direktoren } der Universitätsbibliotheken,
Direktoren } beim Landesmuseum und bei der Gemäldegalerie in Cassel.
Hauptobservatoren und Professoren (bisher Hauptobservatoren beim Astrophysikalischen Observatorium bei Potsdam, bei der Universitätssternwarte in Babelsberg und beim Aronautischen Observatorium bei Lindenberg).
Wissenschaftliches Mitglied und Professor (bisher Wissenschaftliches Mitglied beim Institut für experimentelle Therapie in Frankfurt a. M.).
Direktor der staatlichen Stelle für Naturdenkmalpflege in Preußen.
Oberstudiendirektoren bei den höheren Lehranstalten (großen Doppelanstalten für die männliche und weibliche Jugend und bei Anstalten mit großen Alumnaten).
Studiendirektoren der Vollanstalten.
Oberstudiendirektoren bei den staatlichen Bildungsanstalten.
Studiendirektoren der Nichtvollanstalten mit wenigstens 12 Klassen.
Studiendirektoren der Nichtvollanstalten mit weniger als 12 Klassen *).
Kustoden, Kustoden und Professoren.
Direktoren bei der Auskunftsstelle für Schulwesen und der Hauptstelle für den naturwissenschaftlichen Unterricht in Berlin.
Direktor der Preußischen Hochschule für Leibesübungen — Landesturnanstalt in Spandau (bisher Oberturndirektor).
Oberturnrat bei der Landesturnanstalt in Spandau.
Erster Sekretär und Professor (bisher Erster Sekretär bei dem Historischen Institut in Rom).
Studiendirektoren und -direktorinnen (bisher Seminardirektoren und -direktorinnen) *).
Direktoren der Blindenanstalt in Steglitz und der Taubstummenanstalt in Neukölln.
Abteilungsdirektoren und Professoren (bisher Abteilungsdirektoren beim Institut für Infektionskrankheiten „Robert Koch", bei der Landesanstalt für Wasserhygiene und der staatlichen Nahrungsmitteluntersuchungsanstalt).

Gruppe 13.

4200—4560—4890—5250—5610 Goldmark jährlich.

Ministerialräte. Oberverwaltungsgerichtsräte. Oberlandeskulturräte.
Oberkonsistorialräte (bisher Räte beim Evangelischen Oberkirchenrat).
Staatsfinanzräte (bisher Ministerialräte bei der Oberrechnungskammer).
Oberregierungsrat als Vertreter des Präsidenten des Statistischen Landesamts).
Direktoren der Bernsteinwerke, der Oberharzer und der Unterharzer Berg- und Hüttenwerke.
Direktoren bei den Provinzialschulkollegien in Berlin, Breslau und Coblenz (bisher Abteilungsdirigenten).
Direktoren bei den staatlichen Museen, der Unterrichtsanstalt des Kunstgewerbemuseums, der Nationalgalerie in Berlin.
Direktoren und Professoren (bisher Direktoren des Materialprüfungsamts in Berlin-Dahlem und des Instituts für experimentelle Therapie in Frankfurt a. M.).
Direktor der Generalverwaltung der Staatstheater in Berlin.
Münzdirektor.
Ministerialrat als Leiter des Grubensicherheitsamts (bisher Leiter des Grubensicherheitsamts).
Bevollmächtigter bei der auswärtigen Vertretung Preußens.
Zweiter Direktor des Geheimen Staatsarchivs in Berlin.
Vizepräsidenten der Oberpräsidien (bisher Oberpräsidialräte).
Regierungsvizepräsidenten, Vizepräsident der preußischen Bau- und Finanzdirektion (bisher Oberregierungsräte bei den Regierungen als erste Vertreter der Regierungspräsidenten sowie erster Vertreter des Präsidenten der Preußischen Bau- und Finanzdirektion Berlin).
Regierungsdirektor (bisher Oberregierungsrat als Leiter des Fürsorgeamts für Beamte aus den Grenzgebieten).
Regierungsdirektor als Direktor des Oberversicherungsamts Groß-Berlin (bisher Direktor).
Staatskommissar bei der Preußischen Landesauftragsstelle (Ministerialrat).
Senatspräsidenten bei den Oberlandesgerichten.
Landgerichtspräsidenten, soweit nicht in Gruppe I der Einzelgehälter aufgeführt.
Oberstaatsanwalt als erster Vertreter des Generalstaatsanwalts beim Kammergericht.
Präsidenten bei den Strafvollzugsämtern.
Polizeipräsidenten der großen Polizeipräsidien.
Polizei-Vizepräsident in Berlin (bisher Oberregierungsrat als erster Vertreter des Polizeipräsidenten in Berlin).
Polizeiobersten als Kommandeure der uniformierten Polizei und im Ministerium des Innern.
Landforstmeister. Wasserbaudirektoren. Strombaudirektoren.
Vizepräsidenten (bisher Direktoren der Provinzialschulkollegien).
Generalsuperintendenten bei den Konsistorien in Cassel, Wiesbaden und Aurich.
Universitätskuratoren in Greifswald, Halle, Göttingen, Marburg, Bonn, Königsberg, Breslau und Kiel.
Verwaltungsdirektor bei den staatlichen Museen in Berlin.
Erster Direktor der Preußischen Staatsbibliothek in Berlin.

B. Gehälter mit Mindestgrundgehaltssätzen.

Gruppe 1.

1524—1626—1722—1818—1914—2010—2070—2130 Goldmark jährlich.

Konzertmeister, Kammermusiker } bei den Staatstheatern in Cassel und Wiesbaden — sämtliche Stellen sind künftig wegfallend.

Gruppe 2.

1812—1914—1986—2088—2160—2268—2340—2430 Goldmark jährlich.

Konzertmeister, Kammermusiker, Orchesterinspektor } bei den Staatstheatern in Berlin — sämtliche Stellen sind künftig wegfallend.

Zu 1 und 2: Zu den Mindestgrundgehaltssätzen kann ein ausgleichszuschlagsfähiger Ergänzungsbetrag von durchschnittlich jährlich 342 Goldmark für ein Drittel und von durchschnittlich jährlich 720 Goldmark für ein Sechstel aller Stellen mit der Maßgabe gewährt werden, daß das Gesamtgrundgehalt des einzelnen Stelleninhabers bei 1: 2850 Goldmark, bei 2: 3150 Goldmark jährlich nicht übersteigen darf.

Gruppe 3.

4272 Goldmark jährlich im Durchschnitt.

3240—3414—3588—3762—3936—4104—4272—4440, in besonderen Einzelfällen bis zu 5280 Goldmark jährlich.

Außerordentliche Professoren sowie Abteilungsvorsteher bei den Wissenschaftlichen Hochschulen.

Professoren bei
- der Akademischen Hochschule für die bildenden Künste,
- der Akademischen Hochschule für Musik in Charlottenburg,
- der Unterrichtsanstalt beim Kunstgewerbemuseum in Berlin,
- den Kunstakademien in Cassel, Düsseldorf und Königsberg,
- der Akademie für Kunst und Kunstgewerbe in Breslau,
- der Akademie für Kirchen- und Schulmusik in Charlottenburg

je zu einem Drittel.

Gruppe 4.

5112 Goldmark jährlich im Durchschnitt.

4050—4230—4410—4590—4770—4944—5112—5280, in besonderen Einzelfällen bis zu 6000 Goldmark jährlich.

Ordentliche Professoren bei den Wissenschaftlichen Hochschulen.

Professoren bei
- der Akademischen Hochschule für die bildenden Künste,
- der Akademischen Hochschule für Musik in Charlottenburg,
- der Unterrichtsanstalt des Kunstgewerbemuseums in Berlin,
- den Kunstakademien in Cassel, Königsberg und Düsseldorf,
- der Akademie für Kunst und Kunstgewerbe in Breslau,
- der Akademie für Kirchen- und Schulmusik in Charlottenburg

je zu 2 Dritteln.

Vorsteher der Akademischen Meisterateliers für die bildenden Künste und der Akademischen Meisterschulen für musikalische Komposition in Charlottenburg.

Abteilungsvorsteher bei der Hochschule für Musik.

Direktor der Akademie für Kirchen- und Schulmusik in Charlottenburg.

Zu 3 und 4: Von dem weiteren Aufrücken im Grundgehalte sind diejenigen Professoren bei den wissenschaftlichen Hochschulen ausgenommen, die mit ihrem Einverständnis oder kraft Gesetzes vom Halten von Vorlesungen entbunden sind oder bei denen nach Entscheidung des zuständigen Ministers die Voraussetzungen vorliegen, unter denen nichtrichterliche Beamte in den Ruhestand versetzt werden können.

Gruppe 5.

5700 Goldmark jährlich im Durchschnitt.

4200—4500—4800—5100—5400—5700—6000, in besonderen Einzelfällen bis zu 6132 Goldmark jährlich.

Akademiedirektoren als Forstliche Hochschullehrer.

Direktoren
- der Akademischen Hochschule für die bildenden Künste,
- der Akademischen Hochschule für Musik in Charlottenburg,
- der Kunstschule in Berlin,
- der Kunstakademien in Cassel, Düsseldorf und Königsberg,
- der Akademie für Kunst und Kunstgewerbe in Breslau.

2. Einzelgehälter.

Gruppe I.

6000 Goldmark jährlich.

Direktor der Porzellanmanufaktur.

Künstlerischer Direktor und Professor (bisher künstlerischer Direktor der Porzellanmanufaktur).

Direktor und Professor (bisher Direktor des Instituts für Gärungsgewerbe und Stärkefabrikation in Berlin).
Direktoren und Professoren (bisher Direktor des Astrophysikalischen Observatoriums und des Aronautischen Obseratoriums bei Lindenberg).
Präsidenten der Bergwerksdirektionen.
Präsidenten großer Landgerichte.
Amtsgerichtspräsident Berlin-Mitte.
Präsident des Strafvollzugsamts Berlin.
Präsidenten der Konsistorien mit Ausnahme von Berlin.
Vizepräsidenten der Oberlandesgerichte als Ständige Vertreter der Oberlandesgerichtspräsidenten bei Oberlandesgerichten mit mehreren Senatspräsidenten — mit Ausnahme des Kammergerichts.
Generalstaatsanwälte bei den Oberlandesgerichten.
Generalstaatsanwalt bei dem Landgericht I in Berlin.
Staatskommissar für öffentliche Ordnung.
Vizepräsidenten der Provinzialschulkollegien in Breslau und Coblenz.
Generalsuperintendenten mit Ausnahme derjenigen in Wiesbaden, Cassel und Aurich.
Kommandeure der uniformierten Polizei in Sonderstellungen.

Gruppe II.

6600 Goldmark jährlich.

Ministerialdirigenten. Präsident der Lotterieverwaltung.
Präsident des Bezirksausschusses, gleichzeitig der Preußischen Bau- und Finanzdirektion Berlin.
Präsident des Statistischen Landesamts.
Präsidenten der Landeskulturämter.
Präsident { des Landeskonsistoriums in Hannover, des Konsistoriums in Berlin.
Präsident und Professor (bisher Direktor des Instituts für Infektionskrankheiten „Robert Koch“).
Präsident und Professor (bisher Direktor der Landesanstalt für Wasserhygiene).
Präsident und Professor (bisher Präsident der Geologischen Landesanstalt).
Direktoren, darunter 1 Vizepräsident bei der Oberrechnungskammer (bisher Direktoren).
Erster Direktor, Zweiter Direktor } beim Kaiser-Wilhelm-Institut für Biologie in Berlin-Dahlem.
Direktoren und Professoren (bisher Direktoren der Kaiser-Wilhelm-Institute für Physikalische Chemie, experimentelle Therapie, Biologie, Faserstoff-Chemie, Metallforschung, Eisenforschung, Kohlenforschung).
Vizepräsident { der Justizprüfungskommission, des Kammergerichts als ständiger Vertreter des Kammergerichtspräsidenten, des Provinzialschulkollegiums in Berlin.
Regierungspräsidenten.
Senatspräsidenten, darunter 1 Vizepräsident beim Oberverwaltungsgericht.
Polizeipräsident in Berlin.
Weltlicher Vizepräsident des Evangelischen Oberkirchenrats (bisher Weltlicher Vertreter des Präsidenten).
Verbandspräsident des Siedlungsverbandes Ruhrkohlenbezirk.
Gesandter bei der auswärtigen Vertretung Preußens.
Berghauptleute.
Generaldirektor der Staatsarchive, zugleich Erster Direktor des Geheimen Staatsarchivs in Berlin.
Staatskommissar bei der Berliner Börse.
Generalstaatsanwalt beim Kammergericht.
Generaldirektor der Preußischen Staatsbibliothek.
Generaldirektor der staatlichen Museen in Berlin.

Gruppe III.

7590 Goldmark jährlich.

Ministerialdirektoren.
Präsident { der Justizprüfungskommission, des Oberverwaltungsgerichts, des Oberlandeskulturamts, des Evangelischen Oberkirchenrats.
Oberpräsidenten. Kammergerichtspräsident. Oberlandesgerichtspräsidenten.
Oberberghauptmann. Oberlandforstmeister. Oberlandstallmeister.

Gruppe IV.

10 200 Goldmark jährlich.

Staatssekretäre. Chefpräsident der Oberrechnungskammer.

Gruppe V.

15 300 Goldmark jährlich.

Ministerpräsident. Minister.

Abschnitt II.

Gehälter für die Beamten des Landtags.

Gruppe 3.

822—858—894—924—960—990—1026—1056—1092 Goldmark jährlich.

Amtsgehilfen.

Gruppe 4.

942—984—1026—1062—1104—1140—1182—1218—1260 Goldmark jährlich.

Amtsgehilfen •).

Gruppe 5.

1104—1152—1200—1242—1290—1332—1380—1422—1470 Goldmark jährl.

Maschinenmeister. Verwaltungsassistenten.

Gruppe 6.

1302—1356—1410—1464—1518—1572—1626—1680—1734 Goldmark jährl.

Maschinenmeister •).

Gruppe 7.

1590—1650—1710—1800—1860—1920—2010—2070—2130 Goldmark jährl.

Bibliothekssekretärin. Verwaltungsobersekretäre. Maschinenbetriebsleiter. Bürosekretäre. Bibliothekssekretäre.

Gruppe 8.

1830—1920—2010—2100—2160—2250—2340—2430 Goldmark jährlich.

Bibliothekssekretärinnen •).

Gruppe 9.

2160—2250—2340—2460—2550—2670—2760—2850 Goldmark jährlich.

Landtagssekretäre. Leihstellenvorsteherin der Landtagsbücherei.

Gruppe 10.

2550—2670—2790—2910—3030—3150—3270—3390 Goldmark jährlich.

Landtagsobersekretär.

Gruppe 11.

2940—3090—3240—3360—3510—3630—3780—3930 Goldmark jährlich.

Landtagsarchivare. Landtagsstenographen. Bibliothekar. Ingenieur.

Gruppe 12.

3480—3660—3870—4050—4230—4440—4620 Goldmark jährlich.

Direktor der Landtagsbücherei. Direktor des Stenographischen Büros.

Gruppe 13.

4200—4560—4890—5250—5610 Goldmark jährlich.

Direktor beim Landtage.

Abschnitt III.

Gehälter für die Hofbeamten

(Zum Teil künftig wegfallend.).

1. Aufsteigende Gehälter.

Gruppe 2.

750—780—810—846—876—906—942—972—1002 Goldmark jährlich.

Amtsgehilfe. Wachtmänner. Pförtner [1]). Überfahrer. Schloßaufseher [2]). Schloßaufseherinnen.

[1]) Die am 1. April 1920 im Amte befindlich gewesenen Pförtner, soweit sie Portiers 1. Klasse waren, erhalten für ihre Person die Bezüge der Gruppe 4.

[2]) Die am 1. April 1920 im Amte befindlich gewesenen Schloßaufseher erhalten für ihre Person die Bezüge der Gruppe 3.

Gruppe 3.

822—888—894—924—960—990—1026—1056—1092 Goldmark jährlich.

Schloßaufseher •). Parkaufseher. Maschinisten. Fähraufseher. Aufseher der Wasserkünste (bisher Fontänen- und Brunnenwärter). Schirrmeister in Babelsberg. Amtsgehilfen •).

Gruppe 4.

942—984—1026—1062—1104—1140—1182—1218—1260 Goldmark jährlich.

Schloßvögte. Kanzleiassistenten. Gartenobergehilfen. Weißzeugaufseherinnen. Obermaschinisten.

Gruppe 5.

1104—1152—1200—1242—1290—1332—1380—1422—1470 Goldmark jährl.

Schloßverwalter. Verwalter der Wohngebäude. Obergärtner ohne Revier. Maschinenmeister. Bauleitender Monteur. Bauwarte. Materialienverwalter bei der Schloßbaukommission. Kanzleisekretär.

Gruppe 6.

1302—1356—1410—1464—1518—1572—1626—1680—1734 Goldmark jährl.

Kanzleisekretär. Schloßinspektoren. Oberbauwarte [2]). Obergärtner mit Revier. Oberschirrmeister bei der Gartenintendantur. Obermonteur als Betriebsleiter. Sekretäre [1]).

[1]) Ein am 31. März 1920 im Büro tätig gewesener Inhaber der Stellen erhält nach Maßgabe der vom Staatsministerium auf Grund des Spruchs des Reichsschiedsgerichts zu erlassenden Bestimmungen für seine Person die Bezüge der Gruppe A 7.

[2]) Ein am 31. März 1920 im Amt befindlich gewesener Stelleninhaber erhält für seine Person die Bezüge der Gruppe A 7.

Gruppe 7.

1590—1650—1710—1800—1860—1920—2010—2070—2130 Goldmark jährl.

Oberhofmarschallamtssekretäre [1]). Bauobersekretäre [1]). Schloßoberinspektoren. Obermaschinenmeister.

[1]) Die am 31. März 1920 im Amt befindlich gewesenen Inhaber der Stellen erhalten für ihre Person die Bezüge der Gruppe 8, sobald sie in ihrer Stelle oder in Gruppe 7 eine Dienstzeit von insgesamt 10 Jahren zurückgelegt haben.

Gruppe 8.

1830—1920—2010—2100—2160—2250—2340—2430 Goldmark jährlich.

Garteninspektoren. Oberhofmarschallamtssekretäre •). Bauobersekretäre •).

Gruppe 9.

2160—2250—2340—2460—2550—2670—2760—2850 Goldmark jährlich.

Gartenoberinspektoren. Oberprovisor. Oberbuchhalter.

Gruppe 10.

2550—2670—2790—2910—3030—3150—3270—3390 Goldmark jährlich.

Hofstaatssekretäre. Hofapotheker. Bibliothekar. Hausarchivar. Kustos.

Gruppe 11.

2940—3090—3240—3360—3510—3630—3780—3930 Goldmark jährlich.

Bauräte. Hofstaatssekretäre *). Hausarchivar *) [1]. Kustos *). Bibliothekar *).

[1]) Der am 31. März 1920 im Amte befindlich gewesene Inhaber der Stelle erhält für seine Person die Bezüge der Gruppe A 12.

Gruppe 12.

3480—3660—3870—4050—4230—4440—4620 Goldmark jährlich.

Direktor des Hohenzollernmuseums [1]). Oberbaurat.

[1]) Der am 31. März 1920 im Amte befindlich gewesene Inhaber der Stelle erhält für seine Person die Bezüge der Gruppe 13.

Schlußbemerkungen.

A. Aufwandsentschädigungen.

1. Es erhalten nicht ruhegehaltsfähige Aufwandsentschädigungen nach Maßgabe des Staatshaushaltsplans die Vertreter Preußens in Dresden und München, die Landräte, die Regierungspräsidenten sowie der Polizeipräsident von Berlin, die Oberpräsidenten, der Präsident des Oberverwaltungsgerichts, der Präsident des Kammergerichts und der Präsident des Evangelischen Oberkirchenrats, der Ministerpräsident und die Staatsminister.

Ist ein Staatsminister zugleich der Ministerpräsident, so erhält er neben der Aufwandsentschädigung des Staatsministers auch die Aufwandsentschädigung des Ministerpräsidenten.

2. Das Staatsministerium kann die Aufwandsentschädigungen im Laufe eines Rechnungsjahres entsprechend den jeweiligen wirtschaftlichen Verhältnissen ändern.

3. Im übrigen dürfen Aufwandsentschädigungen (z. B. für Nachtdienst) nur insoweit gezahlt oder bewilligt werden, als der Staatshaushaltsplan dies bestimmt oder besondere Mittel dazu zur Verfügung stellt.

B. Sondervergütungen.

1. Den nichtvollbesoldeten Kreisärzten und Kreistierärzten können zu ihren Dienstbezügen Zuschüsse aus den dafür im Haushalte vorgesehenen Mitteln gewährt werden. Diese Zuschüsse gelten nicht als Grundgehalt.

2. Den in einem Ministerium beschäftigten Beamten können nach näherer Bestimmung des Staatsministeriums Sondervergütungen (Ministerialzulagen) aus den dafür im Staatshaushaltsplane vorgesehenen Mitteln gewährt werden. Das Staatsministerium bestimmt, welche anderen Behörden im Sinne dieser Vorschrift einem Ministerium gleichzuerachten sind.

3. Den Professoren und sonstigen Lehrkräften an den wissenschaftlichen Hochschulen und den damit zusammenhängenden Anstalten und Instituten, den Leitern und Lehrkräften an den Akademischen Hochschulen für die bildenden Künste und für Musik in Charlottenburg, der Unterrichtsanstalt des Kunstgewerbemuseums und der Kunstschule in Berlin, dem Akademischen Institute für Kirchenmusik in Charlottenburg, den Kunstakademien in Königsberg, Cassel und Düsseldorf, der Akademie für Kunst und Kunstgewerbe in Breslau, den Vorstehern der Meisterateliers für bildende Künste und der Meisterschulen für musikalische Komposition in Charlottenburg, den Leitern und Lehrkräften an gewerblichen Unterrichtsanstalten können zur Ergänzung des Grundgehalts oder der Grundvergütung auch fernerhin aus den für die Heranziehung und Erhaltung ausgezeichneter Leiter und Lehrkräfte an den genannten Hochschulen und Anstalten im Haushaltsplane vorgesehenen Mitteln besondere ruhegehaltsfähige oder nichtruhegehaltsfähige Zuschüsse gewährt werden.

4. Zur Gewährung von ruhegehaltsfähigen und nichtruhegehaltsfähigen Vergütungen für Konzertmeister und Erste Stimmen bei den Staatstheatern werden besondere Mittel durch den Staatshaushalt zur Verfügung gestellt.

C. Nebenbezüge.

1. Bei der Berg-, Hütten- und Salinenverwaltung können nach Maßgabe besonderer Bestimmungen aus Mitteln des Haushalts erhalten:

a) aus Kap. 14 Tit. 8 und Kap. 18 Gewinnanteile:
die Bergräte (bisher Betriebsinspektoren) und Oberbergräte als Direktoren kleiner Werke, als Leiter der Handelsbüros und als Direktoren größerer Werke, die Direktoren der Bernsteinwerke, der Ober- und Unterharzer Berg- und Hüttenwerke sowie die Präsidenten (bisher Vorsitzenden) der Bergwerksdirektionen;

b) aus Kap. 14 Tit. 7 und Kap. 18 Außerordentliche Zuwendungen:
die mittleren Werksbeamten ohne und mit abgeschlossener Fachschulbildung, die oberen Werksbeamten 2. und 1. Klasse, die Betriebsführer des Gruben- und Maschinenbetriebs auf großen Steinkohlen-, Kali- und Erzbergwerken, die Markscheider, die Bergräte (bisher Betriebsinspektoren), die Oberbergräte als Direktoren kleiner und größerer Werke sowie als Mitglieder, als Leiter der Handelsbüros und als Vertreter der Präsidenten der Bergwerksdirektionen;

c) aus Kap. 14 und Kap. 18 Belohnungen:
die mittleren Werksbeamten ohne und mit abgeschlossener Fachschulbildung, die oberen Werksbeamten 2. und 1. Klasse und die Betriebsführer des Gruben- und Maschinenbetriebs auf großen Steinkohlen-, Kali- und Erzbergwerken.

2. Bei der Ruhrschiffahrtsverwaltung erhalten die Lokomotivführer, Reservelokomotivführer und Lokomotivheizer Nebenbezüge nach Maßgabe des Staatshaushaltsplans.

3. Bei der Porzellanmanufaktur können nach Maßgabe des Staatshaushaltsplans Beamte nichtruhegehaltsfähige Gewinnanteile erhalten.

4. Bei der Justizverwaltung erhalten:

a) die als hauptamtliche Mitglieder der Prüfungskommission beschäftigten Oberlandesgerichtsräte einen nichtruhegehaltsfähigen Anteil an den Prüfungsgebühren;

b) die Kalkulatoren einen Anteil an den von ihnen aufgebrachten und eingezogenen Rechnungsgebühren nach Maßgabe des Haushaltsplans, jedoch ruhegehaltsfähig nicht mehr als 10 vom Hundert Anteil bis zum Höchstbetrage von 420 Goldmark jährlich;

c) die Gerichtsvollzieher einen Anteil an den Gerichtsvollziehergebühren nach Maßgabe der Gerichtsvollzieherordnung und des Haushaltsplans, — zum Teil ruhegehaltsfähig bis höchstens 300 Goldmark jährlich.

5. Bei der Landwirtschaftlichen Verwaltung verbleiben:

a) den nichtvollbesoldeten Kreistierärzten wie bisher die Gebühren aus amtlicher Tätigkeit, jedoch mit der Maßgabe, daß das hiernach erwachsende Gesamtdiensteinkommen die Bezüge eines Beamten der Gruppe 10 vom gleichen Besoldungsdienstalter nicht übersteigen darf;

b) dem jetzigen Direktor der Lehranstalt für Obst- und Gartenbau in Proskau 2 vom Hundert Gewinnanteil (künftig wegfallend) von dem Erlöse der im laufenden Betriebe zum Verkaufe kommenden Erzeugnisse der Anstalt;

c) dem Materialienverwalter bei der Lehranstalt für Wein-, Obst- und Gartenbau in Geisenheim 2 vom Hundert Gewinnanteil von dem Erlöse aus den Gartenerzeugnissen;

d) die zu a bezeichneten Gebühren sind in Höhe eines von dem Fachminister im Einvernehmen mit dem Finanzminister festzusetzenden Betrages, der den jeweiligen wirtschaftlichen Verhältnissen entsprechend geändert werden kann, ruhegehaltsfähig.

6. Bei der Verwaltung des Ministeriums für Wissenschaft, Kunst und Volksbildung, bei der Berg-, Hütten- und Salinenverwaltung, bei der Landwirtschaftlichen Verwaltung und bei der Forstverwaltung erhalten die Professoren und die Abteilungsvorsteher an den wissenschaftlichen Hochschulen sowie die Direktoren der Forstakademien einen Anteil an den für ihre Vorlesungen eingehenden Unterrichtshonoraren. Die Höhe dieses Anteils, sowie die den Professoren und den Abteilungsvorstehern zu gewähr-

leistende Mindesteinnahme an Unterrichtshonorar, ferner die Höhe der den Rektoren der wissenschaftlichen Hochschulen und dem Rektor der Akademie in Braunsberg zu gewährenden Amtsvergütung wird durch die Fachminister im Einvernehmen mit dem Finanzminister festgesetzt. Diese Festsetzung kann den jeweiligen wirtschaftlichen Verhältnissen entsprechend jederzeit geändert werden.

7. Bei der Verwaltung des Ministeriums für Volkswohlfahrt verbleiben den nichtvollbesoldeten Kreisärzten wie bisher die Gebühren aus amtlicher Tätigkeit, jedoch mit der Maßgabe, daß das hiernach erwachsende Gesamtdiensteinkommen die Bezüge eines Beamten der Gruppe 10 vom gleichen Besoldungsdienstalter nicht übersteigen darf.

Diese Gebühren sind in Höhe eines vom Fachminister im Einvernehmen mit dem Finanzminister festzusetzenden Betrages, der den jeweiligen wirtschaftlichen Verhältnissen entsprechend geändert werden kann, ruhegehaltsfähig.

8. Die Reviervorsteher der ehemaligen Hofgartenreviere erhalten einen auf 5 vom Hundert herabgesetzten Gewinnanteil von dem Erlöse der im laufenden Betriebe zum Verkauf kommenden Erzeugnisse ihrer Reviere.

9. Bei der Generallotteriedirektion können die mit der Wahrnehmung des Ziehungsgeschäfts beauftragten Beamten nach Maßgabe besonderer Bestimmungen aus Mitteln des Haushalts außerordentliche nichtruhegehaltsfähige Zuwendungen erhalten.

Anlage 2.
(§ 4).

Ortszuschlag (Wohnungsgeldzuschuß).

Der Ortszuschlag beträgt für planmäßige Beamte:

in Orten der Ortsklasse	bei einem Grundgehalte von jährlich						
	bis 810 Goldmark	über 810 bis 1092 Goldmark	über 1092 bis 1734 Goldmark	über 1734 bis 2850 Goldmark	über 2850 bis 4620 Goldmark	über 4620 bis 6600 Goldmark	über 6600 Goldmark
	VII	VI	V	IV	III	II	I
A	252	390	540	720	960	1260	1560
B	198	312	432	570	780	1020	1260
C	168	258	360	480	630	840	1050
D	132	210	288	390	510	660	840
E	102	156	216	300	390	510	630

Anlage 3.
(§ 11)

Dienstbezüge für die nichtplanmäßigen unmittelbaren Staatsbeamten.

1. Es betragen die Grundvergütungssätze vom Beginn des

	1.	2.	3.	4.	5.
	Anwärterdienstjahres ab				
für Zivilanwärter	70 v. H.	80 v. H.	85 v. H.	90 v. H.	95 v. H.
für Militäranwärter	80 v. H.	85 v. H.	90 v. H.	95 v. H.	—

des Anfangsgrundgehalts derjenigen Gruppe, in der der Stellenanwärter beim regelmäßigen Verlaufe seiner Dienstlaufbahn zuerst planmäßig angestellt wird

2 Stellenanwärtern, die bereits eine planmäßige Stelle bekleidet haben, kann zur Vermeidung von Härten das zuletzt bezogene Diensteinkommen ihrer planmäßigen Stelle (Grundgehalt und Ortszuschlag, letzterer jedoch nach dem Satze des neuen dienstlichen Wohnsitzes berechnet) bis zum Aufsteigen in der Grundvergütung nach Maßgabe des Abs 1 oder bis zur planmäßigen Anstellung in der neuen Stelle als Grundvergütung und Ortszuschlag gewährt werden

3 Die Anwärter auf Stellen für Unterwachtmeister der Gruppe 2 bei der der Verwaltung des Innern unterstehenden uniformierten und bewaffneten Schutzpolizei erhalten bis zu ihrer planmäßigen Anstellung eine Grundvergütung von 714 Goldmark jährlich, die Anwärter auf Stellen von Polizeileutnants erhalten die für Militäranwärter geltenden Grundvergütungssätze der Gruppe 5.

4 Die wissenschaftlichen Assistenten mit planmäßiger Vergütung an den wissenschaftlichen Hochschulen erhalten die Grundvergütung der Stellenanwärter nach Gruppe 10

und von Vollendung des fünften Dienstjahres an eine Grundvergütung, die in ihrer Höhe den Grundgehaltssätzen der planmäßigen Beamten in Gruppe 10 entspricht.

Den wissenschaftlichen Assistenten mit planmäßiger Vergütung bei den wissenschaftlichen Hochschulen werden gleichgestellt:

im Bereiche der Bergverwaltung

die Assistenten bei der Geologischen Landesanstalt in Berlin;

im Bereiche der landwirtschaftlichen Verwaltung

die Assistenten bei den landwirtschaftlichen höheren Lehranstalten (Lehranstalt für Obst- und Gartenbau in Proskau und Lehranstalt für Wein-, Obst- und Gartenbau in Geisenheim),

die Prosektoren, Apotheker und Oberassistenten an den Tierärztlichen Hochschulen in Berlin und Hannover,

die wissenschaftlich-technischen Hilfslehrer und die wissenschaftlich-technischen Hilfskräfte bei den Landwirtschaftlichen Versuchs- und Forschungsanstalten in Landsberg a. W. (bisher bei dem Kaiser-Wilhelm-Institut für Landwirtschaft in Bromberg),

die Assistenten am Institut für Binnenfischerei am Müggelsee;

im Bereiche der Verwaltung des Ministeriums für Wissenschaft, Kunst und Volksbildung

die außerplanmäßig außerordentlichen Professoren (künftig wegfallend),

die Lektoren für Sprachen und Künste mit planmäßiger Vergütung bei den Universitäten,

die Konstruktions-, Betriebs- und Oberingenieure bei den Technischen Hochschulen,

die Apotheker bei den Klinischen Anstalten in Breslau und dem Charitékrankenhaus in Berlin,

die wissenschaftlichen Mitglieder und Assistenten beim Institut für experimentelle Therapie in Frankfurt a. M.,

der Assistent an der Biologischen Anstalt auf Helgoland;

im Bereiche der Verwaltung des Ministeriums für Volkswohlfahrt

die Assistenten beim Institut für Infektionskrankheiten „Robert Koch" in Berlin und bei den Hygienischen Instituten in Beuthen und Landsberg a. W. und den Medizinaluntersuchungsämtern,

die wissenschaftlichen Hilfsarbeiter bei der Landesanstalt für Wasserhygiene in Berlin-Dahlem.

5. Anwärterinnen auf Stellen, die in der Besoldungsordnung mit einem †) bezeichnet sind, erhalten die Grundvergütung um 10 v. H. gekürzt. Auf die Berechnung des Ortszuschlags ist die Kürzung der Grundvergütung ohne Einfluß.

6. Beim Übertritt eines Stellenanwärters aus einer Gruppe in eine andere ist § 3 Abs. 5 des Gesetzes sinngemäß anzuwenden.

Schlußbemerkungen.

1. Die am 1. April 1920 im Dienst befindlichen Landjägeranwärter und Hilfspolizeiwachtmeister bei der Schutzmannschaft erhalten, soweit es ihnen in den bisherigen Anstellungsbedingungen ausdrücklich zugesagt ist, die Bezüge der planmäßigen Beamten.

2. Die Sätze für Militäranwärter gelten auch für die Anwärter in der Landjägerei und für die Hilfspolizeiwachtmeister in der Schutzmannschaft, soweit sie mindestens vier Jahre beim Militär gedient haben.

3. Die nicht planmäßigen Gerichtsvollzieher erhalten einen Anteil an den Gerichtsvollziehergebühren nach Maßgabe der Gerichtsvollzieherordnung und des Haushaltsplans.

4. Die nicht planmäßigen Amtsgerichtskalkulatoren erhalten einen Anteil an den ihnen aufgebrachten und eingezogenen Rechnungsgebühren nach Maßgabe des Haushaltsplans.

5. Die Konstruktions-, Betriebs- und Oberingenieure bei den Technischen Hochschulen beziehen neben ihrer Grundvergütung einen Anteil an den Unterrichtsgebühren des Professors, dem sie zugewiesen sind, insoweit der Gesamtbetrag dieser Gebühren zur Deckung der Ausgabe außer dem Gebührenanteile des Professors ausreicht. Die Höhe dieses Anteils wird durch den Fachminister im Einvernehmen mit dem Finanzminister festgesetzt. Diese Festsetzung kann den jeweiligen wirtschaftlichen Verhältnissen entsprechend jederzeit geändert werden.

6. Den außerplanmäßigen außerordentlichen Professoren und den gegen planmäßige Vergütung angestellten Lektoren für Sprache und Künste bei den Universitäten verbleiben die zu C 6 der Schlußbemerkungen zur Besoldungsordnung genannten Bezüge unverkürzt.

3. Änderungen des Beamtenaltruhegehaltsgesetzes.

Der in der 3. Auflage der Preußischen Besoldungsgesetze auf S. 124 ff. wiedergegebene Text hat folgende Änderungen erfahren:

1. § 2 hat folgenden Abs. 2 erhalten:

Die Rente des § 2 Nr. 2b und c des Gesetzes, betreffend die Fürsorge für Beamte infolge von Betriebsunfällen, vom 2. Juni 1902 (Gesetzsamml. S. 153) für Angehörige solcher im § 1 dieses Gesetzes bezeichneten Personen, welche infolge eines im Dienste erlittenen Betriebsunfalls zum 1. Dezember 1923 oder zu einem früheren Zeitpunkt in den Ruhestand versetzt oder vor dem 1. Dezember 1923 im Amte gestorben sind, wird für die Zeit vom 1. Dezember 1923 ab auf den jeweils geltenden Mindestsatz festgesetzt.

2. Im § 3 Abs. 1 steht statt „und Witwengeldern" „Witwen- und Waisengeldern".

3. Im § 3 Abs. 2 steht statt „oder ruhegehaltsfähige Diensteinkommen, soweit es aus Grundgehalt oder Grundvergütung und Ortszuschlagsdurchschnitt besteht" „Witwen- oder Waisengeld".

4. § 4 hat folgende Änderung erfahren:

Die Überschrift lautet:

Kinderbeihilfe und Frauenbeihilfe.

Als Abs. 2 tritt hinzu:

Die im § 17 a des Beamten-Diensteinkommensgesetzes vorgesehene Frauenbeihilfe einschließlich Ausgleichszuschlag wird für die Zeit vom 1. April 1922 an in der gleichen Weise unter den dort genannten Voraussetzungen auch den im § 1 dieses Gesetzes bezeichneten verheirateten und verwitweten männlichen Beamten gewährt.

5. Im § 6 sind die Worte „ausschließlich Ausgleichszuschlag" gestrichen.

---

4. Änderungen des Volksschullehrerdiensteinkommensgesetzes.

Der in der 3. Auflage der Preußischen Besoldungsgesetze auf S. 138 ff. wiedergegebene Text hat folgende Änderungen erfahren:

1. Die Grundgehaltssätze des § 1 betragen jetzt:

Gruppe 1:

1590 — 1650 — 1710 — 1800 — 1860 — 1920 — 2010 — 2070 — 2130 Goldmark jährlich.

Gruppe 2:

1830 — 1920 — 2010 — 2100 — 2160 — 2250 — 2340 — 2430 Goldmark jährlich.

Gruppe 3:

2160 — 2250 — 2340 — 2460 — 2550 — 2670 — 2760 — 2850 Goldmark jährlich.

2. In § 6 Abs. 2 ist der erste Satz durch folgende Vorschrift ersetzt:

(²) Dienstzeit im preußischen oder außerpreußischen Privatschuldienste kann nur angerechnet werden, wenn vorher für jedes Jahr eine Einzahlung an die Landesschulkasse geleistet wird, die dem Monatsbetrage des Anfangsgrundgehalts der Gruppe 1 nebst Ausgleichszuschlag (ohne örtlichen Sonderzuschlag) abgerundet auf volle Goldmark nach unten — gleichkommt. Als Grundgehalt und Ausgleichszuschlag sind für Lehrer und Lehrerinnen die Monatssätze zugrunde zu legen, die jeweils an dem Tage gelten, an dem die Einzahlung bei der Landesschulkasse geleistet wird.

3. Dem § 11 ist folgender Absatz hinzugefügt:

(⁵) Bei Versetzungen, die eine Verlegung des dienstlichen Wohnsitzes zur Folge haben, wird der Ortszuschlag vom Ersten des auf die Änderung des dienstlichen Wohnsitzes folgenden Monats nach dem Ortssatze des Versetzungsortes gezahlt. Findet die Änderung des dienstlichen Wohnsitzes am ersten Werktag eines Monats statt, so tritt der Wechsel im Ortssatze schon mit diesem Monat ein.

4. § 17 Abs. 4 lautet jetzt:

(⁴) Über die Anrechnung der Diensteinkünfte an Geld und Naturalleistungen mit Ausschluß der Dienstwohnung werden von dem Unterrichtsminister in Gemeinschaft mit dem Finanzminister allgemeine Vorschriften erlassen, die für die Schulverbände und die Lehrer sowie für die Beschlußbehörden bindend sind. Im übrigen beschließt bei amtlicher Festsetzung des Diensteinkommens über die Anrechnung dieser Bezüge im Einzelfall auf Anrufen von Beteiligten der Kreisausschuß und, sofern es sich um Stadtschulen handelt, der Bezirksausschuß. Der Beschluß des Bezirksausschusses in erster oder zweiter Instanz ist endgültig.

5. Im § 36 Abs. 3 lautet Satz 1 jetzt:

Das Diensteinkommen der Lehrer (Lehrerinnen) sowie die Notstandsbeihilfen und Unterstützungen (§ 39 zu f) werden von der Landesschulkasse an die Bezugsberechtigten gezahlt.

6. § 37 Abs. 1 bis 3 lauten jetzt:

(¹) Die Schulverbände (Schulgemeinden) haben jährlich einen Beitrag an die Landesschulkasse in der Höhe zu zahlen, daß die Ausgaben der Landesschulkasse, soweit sie nicht durch den Staatsbeitrag oder durch andere Einnahmen aufgebracht werden, gedeckt werden.

(²) Der Beitragssatz für die Lehrer-(Lehrerinnen-)Stelle wird von dem Unterrichtsminister und dem Finanzminister berechnet und nach Zustimmung des Kassenanwalts festgesetzt. Er kann für jedes Vierteljahr oder jeden Monat geändert werden. Die Bekanntgabe des Beitragssatzes erfolgt in den einzelnen Regierungsamtsblättern oder in den amtlichen Schulblättern, für den Bezirk der Stadt Berlin im Amtsblatt oder im amtlichen Schulblatt für die Regierung Potsdam und den Stadtkreis Berlin. Die Bekanntmachung muß auch die Sätze für die Vorausleistungen enthalten, die nach § 46 für die einzelnen Arten von Schulstellen und von den Schulverbänden (Schulgemeinden) zu zahlen sind, deren Lehrer (Lehrerinnen) den Ortszuschlag der Ortsklasse A erhalten.

(³) Die Zahl der für die Aufbringung der Beiträge maßgebenden Schulstelleneinheiten (§ 46 Abs. 4) wird von der Schulaufsichtsbehörde für die Dauer von drei Jahren, erstmalig für die Zeit bis zum 31. März 1925, festgesetzt und den einzelnen Schulverbänden (Schulgemeinden) sowie dem Kassenanwalt oder seinem Beauftragten schriftlich mitgeteilt. Treten nachträglich Änderungen in den Schulstellen ein, so sind die Schulstelleneinheiten für die betreffenden Schulverbände (Schulgemeinden) von neuem festzusetzen und in gleicher Weise bekanntzugeben.

Gegen die Festsetzung der auf den einzelnen Schulverband (Schulgemeinde) entfallenden Schulstelleneinheiten steht den Schulverbänden (Schulgemeinden) und dem Kassenanwalt oder seinem Beauftragten binnen vier Wochen vom Tage der Bekanntgabe der Schulstelleneinheiten an der Einspruch bei der Schulaufsichtsbehörde und gegen deren Bescheid binnen zwei Wochen die Klage im Verwaltungsstreitverfahren beim Bezirksausschuß offen, in der die Landesschulkasse durch den Kassenanwalt oder dessen Beauftragten vertreten wird.

7. § 38 Abs. 2 lautet jetzt:

(²) Der Kassenanwalt hat die Berechnung der Beitragssätze (§ 37) vor ihrer Festsetzung zu prüfen und zu genehmigen und ist berechtigt dagegen Einwendungen zu erheben.

Im § 38 Abs. 5 Satz 2 sind die Worte „der Aufstellung des Verteilungsplans“ ersetzt durch „der Berechnung der Beitragssätze.“

8. Im § 39 ist unter a hinter „Ausgleichszuschläge“ eingefügt „sowie des örtlichen Sonderzuschlags und der Frauenbeihilfe“.

Am Schlusse des § 39 sind folgende Abschnitte zugefügt:

e) Die Vergütung der vertretungsweise beschäftigten Hilfskräfte, wenn der Stelleninhaber (Stelleninhaberin) vom Amte suspendiert ist und eine Vertretung durch andere Lehrer (Lehrerinnen) desselben Schulverbandes nicht möglich ist. Das gleiche gilt bei Vertretung von Lehrern (Lehrerinnen), die an der Ausübung ihres Amtes durch ihre Tätigkeit als Mitglieder des Reichstags oder des Preußischen Landtags behindert sind. Die Übernahme solcher Vertretungskosten auf die Landesschulkasse bedarf aber der vorherigen Zustimmung des Kassenanwalts oder seines Beauftragten. In Fällen der Amtssuspension eines Lehrers (Lehrerin) erfolgt die Zahlung der Vertretungskosten aus der Landesschulkasse vorbehaltlich der Rückerstattung, sofern und soweit die einbehaltene Hälfte des Diensteinkommens nach Abschluß des Disziplinarverfahrens zur Deckung der Vertretungskosten verwendet werden kann.

f) Die Gewährung von Notstandsbeihilfen an die im Dienste befindlichen Lehrer (Lehrerinnen), die Ruhegehaltsempfänger und die Hinterbliebenen sowie die Gewährung von Unterstützungen an die im Dienste befindlichen Lehrer (Lehrerinnen). Der Gesamtbetrag der aus der Landesschulkasse zu bewilligenden Unterstützungen darf die von dem Unterrichtsminister in Gemeinschaft mit dem Finanzminister festzusetzende Summe nicht übersteigen.

9. § 40 Abs. 1 lautet jetzt:

(¹) Für jedes mit dem 1. April beginnende Rechnungsjahr wird der Bedarf der Kasse nach dem Stande des durchschnittlichen Diensteinkommens (Abs. 2) der Lehrer und Lehrerinnen am Schlusse des vorhergehenden

Rechnungsjahres mit einem Zuschlage von 20 v. H. und unter Berücksichtigung der sonstigen Ausgaben sowie der voraussichtlichen Steigerung oder Verminderung der Ausgaben (§ 39) berechnet. Zu berücksichtigen sind hierbei auch die voraussichtlichen Verwaltungskosten, zu denen die Entschädigung des Kassenanwalts, seiner Stellvertreter, seiner sonstigen Beamten und Hilfskräfte, seiner sachlichen Kosten sowie eine angemessene Betriebsrücklage gehören. Als durchschnittliches Diensteinkommen einschließlich der Erstattung der auf dieses angerechneten Dienstbezüge (§ 39 zu a und b) ist für alle planmäßig angestellten und in freien Stellen auftragsweise beschäftigten Lehrer gleichmäßig das Grundgehalt eines Lehrers der Gruppe 1 in der sechsten Stufe nebst dem Ortszuschlage der Ortsklasse B, dem zugehörigen Ausgleichszuschlag und den sonstigen Zuschlägen und für alle planmäßig angestellten und in freien Stellen auftragsweise beschäftigten Lehrerinnen gleichmäßig das Grundgehalt einer Lehrerin der Gruppe 1 in der sechsten Stufe nebst den obengedachten Zuschlägen anzusetzen. Bei erheblicher Änderung der Dienstbezüge kann der Bedarf im Laufe des Rechnungsjahres von neuem berechnet und verteilt werden. Ersparnisse oder Fehlbeträge eines Rechnungsjahres sind in der Bedarfsrechnung für das dem Kassenabschlusse folgende Rechnungsjahr abzusetzen oder zuzusetzen.

10. Im § 41 Abs. 1 unter a sind die Worte „im vorausgegangenen Rechnungsjahre tatsächlich gezahlten" durch „der Bedarfsrechnung (§ 40) zugrunde gelegten" und unter b die Worte „im vorangegangenen Rechnungsjahre" ersetzt

Der zwischen b und c eingefügte Satz: „das Viertel zu a . . . . bis Klassen" (unter ff.) ist gestrichen.

Im Abs. 1 unter c ist am Schlusse hinzuzufügen: ausschließlich der Ruhegehälter für die Lehrer (Lehrerinnen), die aus einer Stelle an einer öffentlichen mittleren Schule in den Ruhestand getreten sind und bis Ende März 1920 ihr Ruhegehalt aus der früheren Volksschullehrer-Ruhegehaltskasse bezogen haben.

Hinter c ist eingefügt:

d) einen durch den Staatshaushaltsplan festzusetzenden Betrag zu Notstandsbeihilfen und Unterstützungen.

Im Abs. 3 unter a sind die Worte „nach dem Stande vom 1. April 1920" durch „nach der Bedarfsberechnung für 1920" ersetzt. Der zwischen b und c eingefügte Satz ist gestrichen.

11. § 42 lautet jetzt:

(1) Bestehen in einem Schulverbande (Schulgemeinde) am 1. Februar vor Beginn des Rechnungsjahres mehr Schulstellen, als für je 60 Kinder erforderlich sind, so berechnet sich der Staatsbeitrag nach dem Diensteinkommen (§ 40 Abs. 1) der für je 60 Kinder erforderlichen Stellen. Ist die Zahl der Schulkinder in solchen Schulverbänden durch 60 nicht teilbar, so wird bei den Schulverbänden (Schulgemeinden) mit nicht mehr als 7 Schulstellen angenommen, daß die nächst höhere durch 60 teilbare Zahl von Schulkindern vorhanden wäre. Die Zahl der sich danach ergebenden nicht staatsbeitragsberechtigten Stellen bleibt für das laufende Rechnungsjahr unverändert.

(2) Sind in einem Schulverband auf Grund gesetzlicher Vorschrift Volksschulen verschiedener Bekenntnisse vorhanden, so ist der Betrag, von dem

der Staat ein Viertel zur Landesschulkasse zu zahlen hat, für die Volksschulen der verschiedenen Bekenntnisse ohne Rücksicht auf die anderen Schularten besonders festzustellen.

12. Die §§ 43 und 44 sind gestrichen.

13. § 46 lautet jetzt:

(¹) Der Bedarf der Landesschulkasse (§ 40) wird zunächst durch den Staatsbeitrag, durch Überweisung von Mitteln aus dem Finanzausgleichsgesetz oder dem Preußischen Ausführungsgesetze zum Finanzausgleichsgesetz und durch sonstige Einnahmen gedeckt

(²) Schulverbände (Schulgemeinden), in denen Stellenzulagen (§ 16) gewährt werden, haben die im Laufe des Rechnungsjahres zu zahlenden Stellenzulagen mit einem Zuschlage von 20 v. H. an die Landesschulkasse einzuzahlen.

(³) Schulverbände (Schulgemeinden), deren Lehrer (Lehrerinnen) den Ortszuschlag der Ortsklasse A oder örtliche Sonderzuschläge erhalten, haben einen besonderen Beitrag an die Landesschulkasse zu zahlen. Dieser Betrag wird festgesetzt beim Ortszuschlage für jede vorhandene Schulstelle auf den Unterschiedsbetrag zwischen den einem Lehrer (Lehrerin) im Anfangsgrundgehalte der Gruppe 1 zu zahlenden Ortszuschlage nebst Ausgleichszuschlag in der Ortsklasse A und dem einem solchen Lehrer (Lehrerin) zu zahlenden Ortszuschlage nebst Ausgleichszuschlag in der Ortsklasse B, bei den örtlichen Sonderzuschlägen auf den Betrag des für jeden Lehrer (Lehrerin) im Anfangsgrundgehalte der Gruppe 1 tatsächlich zu zahlenden örtlichen Sonderzuschlags.

(⁴) Der nach Abzug der unter 1 bis 3 genannten Zahlungen verbleibende Bedarf der Landesschulkasse wird nach der Zahl der Schulstelleneinheiten auf die Schulverbände (Schulgemeinden) umgelegt (§ 37).

Zur Feststellung der Schulstelleneinheiten sind anzusetzen:

a) Schulstellen, für die der Staatsbeitrag nicht gezahlt wird (§ 42) mit je 1,3 Einheiten;
b) Schulstellen für Lehrer an mit einer Volksschule verbundenen gehobenen Klassen (Klassen mit erweitertem Lehrziel) mit je 1,1 Einheiten, für Lehrerinnen an solchen Klassen mit je 1 Einheit;
c) alle übrigen Lehrerstellen mit je 1 Einheit, alle übrigen Lehrerinnenstellen mit je 0,9 Einheit. Der auf eine Einheit entfallende Betrag ist abzurunden.

Nach der Umlegung des Bedarfs haben die Schulverbände (Schulgemeinden) den Beitragseinheitssatz vervielfacht mit der Zahl ihrer Stelleneinheiten zu entrichten.

(⁵) Schulstellen, für die ein Staatsbeitrag nicht gezahlt wird, sind für die Beitragserhebung immer bei der Zahl der einfachen Lehrerstellen (Abs. 4 zu c) abzusetzen.

(⁶) Außer Betracht bleiben neuerrichtete Stellen, bis diese durch eine besondere Lehrkraft versehen werden. Zur Errichtung neuer Schulstellen und zur Umwandlung von Schulstellen in besonders geartete Stellen (Schulleiter-, Konrektoren-, Hilfsschullehrerstellen) ist außer der Genehmigung der Schulaufsichtsbehörde die Zustimmung des Kassenanwalts erforderlich. Dabei ist der Kassenanwalt verpflichtet, darüber zu wachen, daß die Einrichtung neuer oder besonders gearteter Stellen den allgemeinen Sparmaßnahmen und den Grundsätzen über die Anzahl der Beförderungsstellen für die den Besoldungsgruppen 7 bis 9 des Beamtendiensteinkommensgesetzes angehörigen unmittelbaren Staatsbeamten nicht zuwiderläuft.

(7) Für eine Stelle, deren Besetzung oder Verwaltung durch eine besondere Lehrkraft wegen Rückganges der Schülerzahl mit Genehmigung der Schulaufsichtsbehörde ohne förmliche Aufhebung der Stelle unterbleibt, kann vom Beginne des auf die Stellenerledigung folgenden Rechnungsjahrs ab von der Einziehung des Beitrags an die Landesschulschulkasse mit Zustimmung des Kassenanwalts so lange abgesehen werden, bis ihre Wiederbesetzung durch eine besondere Lehrkraft erfolgt oder von der Schulaufsichtsbehörde angeordnet wird. Solange diese Stelle hiernach unbesetzt bleibt, unterliegt sie nicht den Bestimmungen des Unterbringungsgesetzes vom 30. März 1920 (Gesetzsammlung S. 63).

14. § 47 lautet jetzt:

(1) Der Staat zahlt an jeden Schulverband und jeden Unterhaltungsträger öffentlicher mittlerer Schulen für jedes am 1. Februar vor Beginn des Rechnungsjahres die Volksschule oder eine öffentliche mittlere Schule besuchende schulpflichtige Kind ein Beschulungsgeld, dessen Höhe von dem Unterrichtsminister und dem Finanzminister festgesetzt wird. Die Festsetzung kann für jeden Monat oder jedes Vierteljahr geändert werden.

(2) Bestehen in einem Schulverbande (Schulgemeinde) weniger Volksschulstellen, als für je 60 Kinder erforderlich sind, so wird das Beschulungsgeld nur bis zur Höchstzahl von 60 Schulkindern für je eine Schulstelle gezahlt. Bei der Feststellung der Kinderzahl wird jedoch die Kinderzahl bis zu 60 und die über 60 oder ein Vielfaches von 60 hinausgehende Kinderzahl voll für 60 gerechnet.

Sind in einem Schulverbande Schulen verschiedener Bekenntnisse auf Grund gesetzlicher Bestimmung vorhanden, so erfolgt die Feststellung der für die Höhe des Beschulungsgeldes maßgebenden Zahl besonders für die Schulen der verschiedenen Bekenntnisse.

(3) Schulkinder, die aus einem Schulverbande (Schulgemeinde) gastweise der Schule eines anderen Schulverbandes (Schulgemeinde) für alle Unterrichtsfächer zugewiesen sind (§ 5 des Volksschulunterhaltungsgesetzes vom 28. Juli 1906 — Gesetzsamml. S. 335) werden dem Schulverband angerechnet, dem sie an sich angehören

(4) Wird in der Zeit vom 2. Februar bis zur Neufestsetzung des Beschulungsgeldes eine Privatschule aufgelöst und werden die Kinder dieser Privatschule in eine öffentliche Volksschule oder eine öffentliche mittlere Schule aufgenommen oder wird eine Privatschule in eine öffentliche Volksschule oder eine öffentliche mittlere Schule umgewandelt, so wird das Beschulungsgeld von dem Tage der Änderung der Beschulung ab gezahlt. Falls nach dem Stichtag (1. Februar) eine öffentliche Volksschule oder eine öffentliche mittlere Schule neu errichtet wird und ihr Schulkinder zugewiesen werden, für die ein Beschulungsgeld festgesetzt ist, so hat zwischen dem Schullastenträger hinsichtlich des Beschulungsgeldes eine Auseinandersetzung stattzufinden. Die Schulaufsichtsbehörde entscheidet hierbei endgültig. Für Volksschulen kommt die Vorschrift in Abs. 2 zur Anwendung.

(5) Der Gesamtbetrag des Beschulungsgeldes soll zuzüglich der für persönliche und sächliche Volksschulzwecke zur Verfügung zu stellenden Ergänzungszuschüsse in den einzelnen Jahren die Hälfte des der Bedarfsberechnung zugrunde gelegten Lehrerdiensteinkommens (§ 41 Abs. 1 unter a),

zu dem die im § 41 unter b gedachten Ruhegehälter, Hinterbliebenenbezüge und Gnadenbezüge gehören, erreichen, aber nicht übersteigen.

(6) Von dem Gesamtbetrage zu 5 sind 15 vom Hundert zu Ergänzungszuschüssen für persönliche und sächliche Volksschulzwecke zu verwenden. Diesem Fonds tritt auch der durch Abrundung des Beschulungsgeldes nicht zur Auszahlung gelangende Betrag hinzu.

15. Der § 49 ist gestrichen.

16. § 50 Abs. 1 und 2 lauten jetzt:

(1) Die nach den §§ 41, 42, 43, 44, 46 und 47 fälligen Beträge sind vierteljährlich im voraus zu zahlen. Der Unterrichtsminister in Gemeinschaft mit dem Finanzminister kann unter Zustimmung des Kassenanwalts der Landesschulkasse auch eine monatliche Zahlung anordnen. Schulverbände (Schulgemeinden), die mit der Zahlung der Beiträge an die Landesschulkasse (§ 46) im Rückstande bleiben, haben die Rückstände mit dem Reichsbankdiskontsatze, der zurzeit der Zahlung maßgebend ist, zu verzinsen. Dabei bleiben Beträge, die weniger als das Porto eines einfachen Fernbriefs betragen, außer Hebung. Die hiernach zur Einziehung gelangenden Zinsbeträge sind nach oben abzurunden. Der Zinsenlauf beginnt von dem auf den Tag der amtlichen Bekanntmachung der Höhe der Schulverbandsbeiträge folgenden Monatsersten ab.

(2) Solange die Beiträge der Schulverbände (Schulgemeinden) und das Beschulungsgeld noch nicht festgesetzt sind, werden die Zahlungen einstweilen nach den Sätzen der letzten Festsetzung geleistet.

17. § 57 lautet jetzt:

(1) Der § 14 Abs. 1 des Volksschulunterhaltungsgesetzes wird dahin abgeändert, daß die von den Schulverbänden mit 25 oder weniger Schulstellen alljährlich anzusammelnden Baubeiträge auf 28000 Mark für jede planmäßige Schulstelle des Schulverbandes erhöht werden.

(2) Der im § 17 Abs. 1 des Volksschulunterhaltungsgesetzes genannte Betrag von 500 Mark wird vom Rechnungsjahre 1923 ab durch 500 Goldmark und der im § 17 Abs. 3 genannte Betrag von 2000 Mark durch 2000 Goldmark ersetzt.

18. § 58 Abs. 3 ist gestrichen.

19. Hinter § 58 ist folgender Paragraph eingefügt:

§ 58 a.

Änderungen der durch das Volksschullehrerdiensteinkommensgesetz und seine Abänderungsgesetze geregelten Diensteinkommensbezüge und Kinderbeihilfen sowie der auf Grund dieser Diensteinkommensbezüge festgesetzten Ruhegehälter und Hinterbliebenenbezüge können durch Gesetz erfolgen. Änderungen der im § 16 vorgesehenen Stellenzulagen, die sich aus einer Verminderung der Bezüge aus der Dotation des vereinigten Schul- und Kirchenamts — § 6 Abs. 2 und 3 des Gesetzes vom 26. Mai 1909 (Gesetzsamml. S. 99) — ergeben, sind jederzeit auf dem in diesem Gesetze § 6 Abs. 3 angegebenen Wege zulässig.

5. Änderungen des Volksschullehreraltruhegehaltsgesetzes.

Der in der 3. Auflage der Preußischen Besoldungsgesetze auf S. 167 wiedergegebene Text hat folgende Änderungen erfahren:

1. In dem Volksschullehreraltruhegehaltsgesetz tritt überall mit Wirkung vom 1. 4. 1924 an Stelle des 1. 4. 1920 der 1. 4. 1924.

2. Bei § 3 Abs. 1 sind die Worte „und Witwengeldern" ersetzt durch „Witwen- und Waisengeldern".

Der Abs. 2 hat folgenden Wortlaut:

2. Maßgebend ist für die Berechnung dieses Versorgungszuschlags das Ruhegehalt, Witwen- oder Waisengeld, das sich ergeben hätte, wenn der Lehrer (die Lehrerin) beim Ausscheiden aus der zuletzt bekleideten Stelle nach den am 1. 4. 1924 geltenden oder mit Wirkung von diesem Zeitpunkt ab in Kraft tretenden Vorschriften besoldet gewesen und in den Ruhestand versetzt worden wäre.

3. Im § 6 sind die Worte „ausschließlich Ausgleichszuschlag" gestrichen.

---

6. Änderungen des Mittelschullehrerdiensteinkommensgesetzes.

Gegenüber dem Text der 3. Aufl. (S. 177) sind folgende Änderungen eingetreten:

1. § 1 Abs. 3 und 4 lauten jetzt:

(3) Zur Gruppe 2 gehören die lebenslänglich angestellten Leiter (Leiterinnen) öffentlicher mittlerer Schulen mit weniger als vier hauptamtlichen Lehrkräften, sofern sie ein Besoldungsdienstalter von 14 Jahren vollendet haben und die nicht als Leiter (Leiterin) angestellten Lehrer (Lehrerinnen), denen von der Schulaufsichtsbehörde eine Beförderungsstelle verliehen worden ist. Die Beförderungsstelle darf nicht vor Erreichung eines Besoldungsdienstalters von 18 Jahren und nicht vor Ablauf von 2 Jahren nach Erreichung des Höchstgehalts der Gruppe 1 verliehen werden.

(4) Zur Gruppe 3 gehören alle lebenslänglich angestellten Leiter (Leiterinnen) und Konrektoren (Konrektorinnen) öffentlicher mittlerer Schulen mit mindestens vier hauptamtlichen Lehrkräften. An diesen Schulen sind eine oder mehrere Stellen für Konrektoren (Konrektorinnen zu schaffen. Ob ein Lehrer (eine Lehrerin) lebenslänglich angestellter Schulleiter (angestellte Schulleiterin) einer öffentlichen mittleren Schule ist, sowie ob eine Schule als Schule mit mindestens vier hauptamtlichen Lehrkräften anzusehen ist, entscheidet endgültig die Schulaufsichtsbehörde.

2. Dem § 4 Abs. 3 ist als letzter Satz hinzuzufügen:

Dabei kann auch die vor Erlangung einer Lehrbefähigung zurückgelegte Dienstzeit berücksichtigt werden.

Dem § 16 Abs. 3 sind folgende Abschnitte hinzuzufügen:

g) Der Vergütungen für die vertretungsweise beschäftigten Lehrer (Lehrerinnen) wenn der Stelleninhaber (die Stelleninhaberin) vom Amte suspendiert und eine Vertretung durch andere Lehrer (Lehrerinnen) desselben Unterhaltungsträgers nicht möglich ist. Das gleiche gilt bei der Vertretung von Lehrern (Lehrerinnen), die an der Ausübung ihres Amtes durch ihre Tätigkeit als Mitglieder des Reichstags oder des Preußischen Landtags behindert sind. Die Übernahme solcher Vertretungskosten auf die Landesmittelschulkasse bedarf aber der vorherigen Zustimmung des Kassenanwalts oder seines Beauftragten. In Fällen der Amtssuspension eines Lehrers (einer Lehrerin) erfolgt die Zahlung der Vertretungskosten aus der Landesmittelschulkasse vorbehaltlich der Rückerstattung, sofern und soweit die eine Hälfte des Diensteinkommens nach Abschluß des Disziplinarverfahrens zur Deckung der Vertretungskosten verwendet werden kann;

h) von Notstandsbeihilfen an die im Dienst befindlichen oder nach dem 1. April 1920 in den Ruhestand getretenen Lehrer (Lehrerinnen) und deren Hinterbliebene;

i) von Unterstützungen an die im Dienst befindlichen Lehrer (Lehrerinnen).

Der Gesamtbetrag der aus der Landesmittelschulkasse zu bewilligenden Unterstützungen wird von dem Unterrichtsminister und dem Finanzminister unter Zustimmung des Kassenanwalts der Landesmittelschulkasse bestimmt.

4. § 18 Abs. 1 lautet jetzt:

(1) Für jedes mit dem 1. April beginnende Rechnungsjahr wird der Bedarf der Landesmittelschulkasse nach dem Stande des durchschnittlichen Diensteinkommens der Lehrer und Lehrerinnen am Schlusse des vorhergehenden Rechnungsjahrs mit einem Zuschlage von 20 vom Hundert und unter Berücksichtigung der sonstigen Ausgaben sowie der voraussichtlichen Steigerung oder Verminderung der Ausgaben berechnet. Zu berücksichtigen sind hierbei auch die voraussichtlichen Verwaltungskosten, zu denen die Entschädigung des Kassenanwalts, seiner Stellvertreter, seiner sonstigen Beamten und Hilfskräfte und seiner sächlichen Kosten sowie eine angemessene Betriebsrücklage gehören. Als durchschnittliches Diensteinkommen ist für alle planmäßig angestellten und in freien Stellen auftragsweise beschäftigten Lehrer gleichmäßig das Grundgehalt eines Lehrers der Gruppe 1 in der sechsten Stufe nebst dem Ortszuschlage der Ortsklasse B, dem zugehörigen Ausgleichszuschlag und den sonstigen Zuschlägen und für alle planmäßig angestellten und in freien Stellen auftragsweise beschäftigten Lehrerinnen gleichmäßig das Grundgehalt einer Lehrerin der Gruppe 1 in der sechsten Stufe nebst den oben gedachten Zuschlägen anzusetzen. Bei erheblicher Änderung der Dienstbezüge kann der Bedarf im Laufe des Rechnungsjahres von neuem berechnet und verteilt werden. Ersparnisse oder Fehlbeträge eines Rechnungsjahres sind bei der Bedarfsberechnung für das dem Kassenabschlusse folgende Rechnungsjahr abzusetzen oder zuzusetzen.

5 § 20 lautet jetzt:

(1) Der nicht gedeckte Bedarf ist auf die Unterhaltungsträger folgendermaßen zu verteilen:

a) Unterhaltungsträger, die zu dem im § 1 bestimmten Gehalte noch besondere Zuschüsse (§ 2, § 24 Abs. 3 und Abs. 4) gewähren, haben die im Laufe des Rechnungsjahrs zu zahlenden Zuschüsse mit einem Zuschlage von 20 v. H. zur Landesmittelschulkasse zu zahlen.

b) Die Unterhaltungsträger haben für jede von ihnen unterhaltene zur Gruppe 3 gehörige Schulstelle einen Sonderbeitrag von 25 v. H. des allgemeinen Stellenbeitrags (Ziffer d) zur Landesmittelschulkasse zu zahlen

c) Unterhaltungsträger, deren Lehrer (Lehrerinnen) den Ortszuschlag der höchsten Ortsklasse (Ortsklasse A) oder örtliche Sonderzuschläge erhalten, haben einen besonderen Beitrag an die Landesmittelschulkasse zu zahlen. Dieser Beitrag wird festgesetzt beim Ortszuschlage für jede vorhandene Schulstelle auf den Unterschiedsbetrag zwischen dem einem Lehrer (einer Lehrerin) im Anfangsgrundgehalte der Gruppe 1 zu zahlenden Ortszuschlage nebst Ausgleichszuschlag in der Ortsklasse A und dem einem solchen Lehrer (Lehrerin) zu zahlenden Ortszuschlage nebst Ausgleichszuschlag in der Ortsklasse B, bei den örtlichen Sonderzuschlägen auf den Betrag, der für jeden Lehrer (Lehrerin) im Anfangsgrundgehalte der Gruppe 1 tatsächlich zu zahlenden Sonderzuschläge.

d) Der nach Abzug der unter a, b und c genannten Vorausleistungen und etwaiger sonstiger Einnahmen sich ergebende Bedarf ist gleichmäßig auf alle Schulstellen zu verteilen, wobei die Lehrerinnenstellen nur mit je neun Zehnteln in Ansatz zu bringen sind. Außer Betracht bleiben neu errichtete Stellen, bis diese durch eine besondere Lehrkraft versehen werden. Für eine Stelle, deren Besetzung oder Verwaltung durch eine besondere Lehrkraft wegen Rückganges der Schülerzahl mit Genehmigung der Schulaufsichtsbehörde ohne förmliche Aufhebung der Stelle unterbleibt, kann vom Beginne des auf die Stellenerledigung folgenden Rechnungsjahres ab von der Einziehung des Beitrags an die Landesmittelschulkasse mit Zustimmung des Kassenanwalts so lange Abstand genommen werden, bis ihre Wiederbesetzung durch eine besondere Lehrkraft erfolgt oder von der Schulaufsichtsbehörde angeordnet wird. Solange diese Stelle hiernach unbesetzt bleibt, unterliegt sie nicht den Bestimmungen des Unterbringungsgesetzes vom 30. März 1920 (Gesetzsamml. S. 63).

e) Stellt sich der für die Lehrer und Lehrerinnen einschließlich der Ruhegehaltsempfänger und der Hinterbliebenen von Lehrern eines Unterhaltungsträgers aus der Landesmittelschulkasse in den Rechnungsjahren 1920, 1921, 1922 und 1923 gemäß § 16 gezahlte Betrag höher als der sich nach a, b, c und d ergebende Betrag, so hat der Unterhaltungsträger 15 v. H. dieses Mehrbetrages als besonderen Beitrag zur Landesmittelschulkasse zu zahlen. Die Gesamtsumme dieser besonderen Beiträge ist am Schlusse des Rechnungsjahres 1924 zur Ermäßigung der Beiträge derjenigen Unterhaltungsträger zu verwenden, deren Beiträge in dem gedachten Zeitraume höher gewesen sind als die für sie gemäß § 16 aus der Landesmittelschulkasse erfolgten Zahlungen. Die Ermäßigungen sind anteilsmäßig auf die Höhe der nach d errechneten Beiträge zu gewähren. Für die Zeit nach dem 1 April 1924 gelten diese Bestimmungen sinngemäß stets für einen Zeitraum von drei Rechnungsjahren.

Der Unterrichtsminister wird ermächtigt, die Bestimmung unter Ziffer e vorübergehend mit Wirkung vom 1. April 1920 ab unter Zustimmung des Kassenanwalts der Landesmittelschulkasse außer Kraft zu setzen.

(²) Der aus den vorstehenden Bestimmungen sich ergebende Gesamtbeitrag eines Schulunterhaltungsträgers kann für die einzelnen Schulstellen oder auch in seiner Gesamtheit abgerundet werden. Die Vorschriften über die Abrundung erlassen der Unterrichtsminister und der Finanzminister unter Zustimmung des Kassenanwalts der Landesmittelschulkasse.

(³) Alle Beiträge der Unterhaltungsträger an die Landesmittelschulkasse sind im Verwaltungszwangsverfahren beitreibbar. Sie sind vierteljährlich im voraus fällig. Der Unterrichtsminister kann in Gemeinschaft mit dem Finanzminister unter Zustimmung des Kassenanwalts der Landesmittelschulkasse auch eine monatliche Zahlung anordnen. Unterhaltungsträger, die mit der Zahlung der Beiträge an die Landesmittelschulkasse im Rückstande bleiben, haben die Rückstände mit dem Reichsbankdiskontsatze, der zurzeit der Zahlung maßgebend ist, zu verzinsen. Dabei verbleiben Zinsbeträge, die weniger als das Porto eines einfachen Fernbriefs betragen, außer Hebung. Die hiernach zur Einziehung gelangenden Zinsbeträge sind nach oben abzurunden. Der Zinsenlauf beginnt von dem auf den Tag der amtlichen Mitteilung über die Höhe der Schulverbandsbeiträge folgenden Monatsersten ab.

6. § 21 Abs. 1—3 lauten jetzt:

(1) Der nach § 20 Ziffer d zu zahlende allgemeine Stellenbeitrag wird von dem Unterrichtsminister und dem Finanzminister berechnet und nach Zustimmung des Kassenanwalts festgesetzt. Er kann für jedes Vierteljahr oder jeden Monat geändert werden.

(2) Die Höhe des zur Landesmittelschulkasse zu entrichtenden Beitrags — einschließlich der Vorausleistungen — (§ 20 Abs. 1 Ziffer a bis d und § 21 Abs. 1) ist den einzelnen Unterhaltungsträgern durch die Schulaufsichtsbehörde schriftlich mitzuteilen. Aus der Mitteilung muß ersichtlich sein, wie sich der Betrag — getrennt nach den im § 20 Abs 1 unter a, b, c und d enthaltenen Bestimmungen — berechnet. Auch die Unterhaltungsträger der nach § 17 angeschlossenen Schulen, deren Beitragsleistung mit Zustimmung des Kassenanwalts der Landesmittelschulkasse auch abweichend von den Vorschriften im § 20 Abs. 1 Ziffer a bis d geregelt werden kann, erhalten von der Schulaufsichtsbehörde eine gleiche schriftliche Mitteilung über die Höhe ihres Beitrags.

(3) Gegen die Höhe des auf den einzelnen Unterhaltungsträger ausgeschriebenen Beitrags steht den Unterhaltungsträgern für ihren Beitrag binnen 4 Wochen vom Tage der Zustellung der schriftlichen Mitteilung über die Beitragshöhe ab der Einspruch bei der Schulaufsichtsbehörde, für die gemäß § 17 angeschlossenen Schulen bei der Regierung in Potsdam und gegen deren Bescheid binnen zwei Wochen die Klage im Verwaltungsstreitverfahren beim Bezirksausschuß offen.

7. Dem § 24 ist folgender Absatz hinzuzufügen:

(4) Die Lehrer (Lehrerinnen), die am 31. März 1920 den ordentlichen Seminarlehrern (Seminarlehrerinnen) in ihren Dienstbezügen gleichgestellt waren, erhalten für ihre Person die Bezüge der Gruppe 2. Daneben dürfen sie aber Zuschüsse aus der Vorschrift im Abs. 3 dieses Paragraphen und im § 2 nicht erhalten. Auf die der Landesmittelschulkasse durch die Vorschriften des ersten Satzes dieses Absatzes entstehenden Mehraufwendungen findet die Vorschrift im § 20 Abs. 1 unter a entsprechende Anwendung.

7. Änderungen des Gewerbe- und Handelslehrer-Diensteinkommensgesetzes.

Der in der 3. Aufl. der Preußischen Besoldungsgesetze (S. 187 ff.) abgedruckte Text hat folgende Änderungen erfahren:

1. Die Grundgehaltssätze des § 1 betragen jetzt:

in Gruppe 1:
1830—1920—2010—2100—2160—2250—2340—2430 Goldmark jährlich;

in Gruppe 2:
2160—2250—2340—2460—2550—2670—2760—2850 Goldmark jährlich;

in Gruppe 3:
2550—2670—2790—2910—3030—3150—3270—3390 Goldmark jährlich;

in Gruppe 4:
2940—3090—3240—3360—3510—3630—3780—3930 Goldmark jährlich.

2. Die §§ 16 und 17 lauten jetzt:

§ 16.

Schulbeiträge.

(1) Zur Deckung der Schulunterhaltungskosten können die Gemeinden (weiteren Kommunalverbände) Schulbeiträge erheben.

(2) In diesem Falle sind zur Leistung von Beiträgen verpflichtet:

1. für jeden von ihnen beschäftigten Arbeiter und Angestellten:
   a) sämtliche Gewerbetreibende des Bezirks,
   b) sämtliche nichtgewerbetreibende Arbeitgeber des Bezirks, soweit die Jugendlichen der einzelnen, bei ihnen beschäftigten Arbeiter- und Angestelltengruppen berufsschulpflichtig sind;
2. für jeden in keinem Arbeitsverhältnis stehenden berufsschulpflichtigen Jugendlichen die unterhaltspflichtigen gesetzlichen Vertreter.

(3) Die Gemeinden (weiteren Kommunalverbände) können mit Genehmigung der Schulaufsichtsbehörde einzelne Gruppen der nach Abs. 2 zur Leistung von Beiträgen Verpflichteten von der Beitragspflicht ausnehmen.

(4) Die Höhe der Schulbeiträge und die von der Beitragspflicht auszunehmenden einzelnen Gruppen werden nach Anhörung der beteiligten gesetzlichen Berufsvertretungen durch Beschluß der Gemeinde (des weiteren Kommunalverbandes) bestimmt. Die Festsetzung kann mit Genehmigung der Schulaufsichtsbehörde für einzelne Gruppen der Beitragspflichtigen in verschiedener Höhe erfolgen.

(5) Die Gemeinden (weiteren Kommunalverbände) sind ermächtigt, nach Anhörung der gesetzlichen Berufsvertretungen eine andere als die im Abs. 2 für die Erhebung der Schulbeiträge vorgesehene Form durch Satzung zu beschließen.

(6) Der Minister für Handel und Gewerbe wird ermächtigt, rechtsverbindliche Bestimmungen darüber zu erlassen, welche Unterlagen den Berufsvertretungen zu übermitteln sind, sowie die Fristen festzusetzen, innerhalb deren die Verhandlungen zwischen den Gemeinden (weiteren Kommunalverbänden) und den Berufsvertretungen zu führen sind.

(7) Die Schulbeiträge sind Kommunalabgaben im Sinne des Gesetzes vom 14. Juli 1893 (Gesetzsamml. S. 152).

(8) Die Gemeinden (weiteren Kommunalverbände) sind verpflichtet:

a) den Körperschaften öffentlichen Rechts, die eine öffentliche Berufsschule oder eine von der Schulaufsichtsbehörde als solche anerkannte Schule unterhalten, von den gemäß Abs. 3 erhobenen Schulbeiträgen den nach Maßgabe der Schülerzahl auf diese entfallenden Anteile abzuführen und

b) Gewerbetreibenden, die für ihre jugendlichen Arbeiter oder für einen Teil davon eigene, vom Staate anerkannte Werkschulen unterhalten, die Schulbeiträge um einen der Zahl der Werkschüler entsprechenden Betrag zu ermäßigen.

(9) Für Berufsschulpflichtige, die eine Berufsschule außerhalb ihres Arbeitsbezirkes besuchen, hat die Schulbeitrag erhebende Gemeinde (der weitere Kommunalverband (die im Abs. 3 vorgesehenen Beträge zu erheben und an die Gemeinde des Schulortes abzuführen. Die Gemeinde des Schulortes kann hierauf verzichten. Erhebt die Arbeitsgemeinde keine Schulbeiträge, so kann die Schulgemeinde von dem außerhalb ihres Bezirkes wohnenden Arbeitgeber den nach Abs. 3 in Frage kommenden Durchschnittsbetrag erheben.

(10) Liegt ein Gewerbebetrieb in mehreren Gemeinden, so ist der von ihm zu zahlende Schulbeitrag nach der Schülerzahl auf die verschiedenen Schulgemeinden zu verteilen.

(11) Von den am Unterrichte freiwillig teilnehmenden Schülern und Schülerinnen ist ein Schulgeld zu erheben, das für Gemeindeangehörige nach Stunden berechnet im Verhältnisse den im Abs. 3 Fall b bezeichneten Betrag nicht übersteigen darf. Von auswärtigen Schülern (Schülerinnen) kann ein höheres Schulgeld erhoben werden.

§ 17.

Staatszuschüsse.

(1) Zur Gewährung von Zuschüssen für die Aufbringung der persönlichen Unterhaltskosten sämtlicher Berufsschulen stellt der Staat für jeden Schulpflichtigen einen Betrag von 3 *M* durch den Staatshaushalt bereit. Bei wesentlicher Veränderung der persönlichen Unterhaltskosten kann der Betrag durch den Staatshaushalt anderweit festgesetzt werden.

(2) Über die Verwendung dieser Mittel entscheidet der Handelsminister im Einvernehmen mit dem Finanzminister. Die Grundsätze für die Verwendung der Mittel werden von den beteiligten Ministern nach Anhörung der Vertretungen der beteiligten Gemeinden festgesetzt.

(3) Voraussetzung für die Gewährung von Staatszuschüssen ist, daß die Einrichtungen und die Lehrpläne der Schulen den Bestimmungen des Handelsministeriums entsprechen.

8. Änderung der Wartegeldverordnung.

Der in der 3. Auflage der Preußischen Besoldungsgesetze auf S. 199 ff. wiedergegebene Text hat folgende Änderungen erfahren:

1. § 1 Abs. 2, § 2 Satz 2, § 3 Abs. 4, § 11 Abs. 2 sind gestrichen.

2. Hinter § 3 ist folgender § 3a eingefügt:

„Das Wartegeld beträgt 80 vom Hundert des der Berechnung des Ruhegehalts zugrunde zu legenden Diensteinkommens. Hat der Beamte zur Zeit seiner einstweiligen Versetzung in den Ruhestand eine ruhegehaltsfähige Dienstzeit von 25 Jahren noch nicht zurückgelegt, so wird das Wartegeld für jedes volle oder angefangene Jahr, das dem Beamten an der Dienstzeit von 25 Jahren fehlt, um je 2 vom Hundert des ruhegehaltsfähigen Diensteinkommens geringer bemessen; das Wartegeld beträgt jedoch wenigstens 40 vom Hundert dieses Diensteinkommens.

Das Wartegeld beträgt höchstens 80 vom Hundert des der Berechnung des Ruhegehalts zugrunde zu legenden Diensteinkommens eines Beamten aus der mittleren Dienstaltersstufe der Besoldungsgruppe I A 12. Hat der Beamte indessen zur Zeit seiner einstweiligen Versetzung in den Ruhestand bereits ein höheres Ruhegehalt erdient, so erhält er ein Wartegeld in Höhe des zu diesem Zeitpunkte erdienten Ruhegehalts."

3. § 5 Satz 2 hat folgende Fassung:

„Die Gehaltszahlung hört auf und die Zahlung des Wartegeldes beginnt mit dem Ablaufe des Monats, der auf den Monat folgt, in dem dem Beamten die Entscheidung über seine einstweilige Versetzung in den Ruhestand bekanntgemacht worden ist."

---

9. Änderung der Hofbeamtenverordnung.

Der in der 3. Auflage der Preußischen Besoldungsgesetze auf S. 204 ff. wiedergegebene Text hat folgende Änderungen erfahren:

1. Der § 5 hat folgende Fassung:

„Bei Berechnung der Dienstzeit kommt auch die Zeit zur Anrechnung, während der ein Hofbeamter im einstweiligen Ruhestande nach Maßgabe der Vorschriften dieser Verordnung im Reichs- oder Staatsdienst oder im Falle des § 14 Abs. 2 auf Anordnung des Staatsministeriums im Dienste eines preußischen Kommunalverbandes verwendet worden ist."

An die Stelle des § 8 Abs. 2 treten folgende Absätze:

2. An die Stelle des § 8 Abs. 2 sind folgende Absätze getreten:

„Das Wartegeld beträgt 80 vom Hundert des der Berechnung des Ruhegehalts zugrunde zu legenden Diensteinkommens. Hat der Hofbeamte zur Zeit seiner einstweiligen Versetzung in den Ruhestand eine ruhegehaltsfähige Dienstzeit von 25 Jahren noch nicht zurückgelegt, so wird das Wartegeld für jedes volle oder angefangene Jahr, das dem Hofbeamten an der Dienstzeit von 25 Jahren fehlt, um je 2 vom Hundert des ruhegehaltsfähigen Diensteinkommens geringer bemessen. Das Wartegeld beträgt jedoch mindestens 40 vom Hundert dieses Diensteinkommens.

Das Wartegeld beträgt höchstens 80 vom Hundert des der Berechnung des Ruhegehalts zugrunde zu legenden Diensteinkommens eines Beamten aus der mittleren Dienstaltersstufe der Besoldungsgruppe I A 12. Hat der Hofbeamte indessen zur Zeit seiner einstweiligen Versetzung in den Ruhestand bereits ein höheres Ruhegehalt erdient, so erhält er ein Wartegeld in Höhe des zu diesem Zeitpunkt erdienten Ruhegehalts."

3. Im § 9 ist „§ 8 Abs. 2" durch „§ 8 Abs. 2 und 3" ersetzt.

4. § 11 Satz 2 hat folgende Fassung:

„Die Gehaltszahlung hört auf und die Zahlung des Wartegeldes beginnt mit dem Ablaufe des Monats, der auf den Monat folgt, in dem dem Hofbeamten die Entscheidung über seine einstweilige Versetzung in den Ruhestand bekanntgemacht worden ist."

5. § 17 ist der Abs. 2 gestrichen.

---

10. Änderung des Zivilruhegehaltsgesetzes.

Der in der 3. Auflage der Preußischen Besoldungsgesetze auf S. 208 ff. wiedergegebene Text hat folgende Änderungen erfahren:

1. § 8 hat folgende Fassung:

Die Pension beträgt, wenn die Versetzung in den Ruhestand nach vollendetem 10. jedoch vor vollendetem 11 Dienstjahr eintritt, $^{35}/_{100}$ und steigt mit jedem weiter zurückgelegten Dienstjahre bis zum vollendeten fünfundzwanzigsten Dienstjahr um $^{2}/_{100}$ und von da ab um $^{1}/_{100}$ des in den §§ 10 und 11 bestimmten Diensteinkommens.

2.[1]) Im § 9 sind die Worte „volle Mark" ersetzt durch die Worte „durch 10 teilbare Markbeträge."

3. § 14 Nr. 1 hat folgende Fassung:

„1. im einstweiligen Ruhestand im Reichs- oder unmittelbaren Staatsdienst oder auf Anordnung des Staatsministeriums im Dienst eines preußischen Kommunalverbandes verwendet worden ist oder"

4. § 24 hat folgende Fassung:

„Die Versetzung in den Ruhestand tritt, sofern nicht auf Antrag oder mit ausdrücklicher Zustimmung des Beamten ein früherer Zeitpunkt festgesetzt wird, mit Ablauf des Monats ein, der auf den Monat folgt, in dem dem Beamten die Entscheidung über seine Versetzung in den Ruhestand bekanntgemacht worden ist"

5. § 27 Abs. 1 Nr. 2, Abs. 2, 3 haben folgende Fassung erhalten:

2. . . wenn und solange ein Pensionär aus der Verwendung im Reichs-, Staats- oder in einem sonstigen öffentlichen Dienste ein Diensteinkommen bezieht, insoweit, als der Betrag dieses neuen Diensteinkommens unter Hin-

---

[1]) Diese Änderung ist inzwischen gegenstandslos geworden durch den Art. VI des Ges. vom 3. 1. 24, wodurch der Finanzminister ermächtigt wird Vorschriften über die Abrundung der Versorgungsbezüge zu erlassen.

zurechnung der Pension den Betrag des von dem Beamten vor der Pensionierung bezogenen Diensteinkommens übersteigt.

2. Als Verwendung im Reichs-, Staats- oder in einem sonstigen öffentlichen Dienste im Sinne dieser Vorschrift gilt ohne Rücksicht auf die Art und Dauer der Beschäftigung jede Tätigkeit, für die eine Vergütung gewährt wird, die ganz oder zum Teile unmittelbar oder mittelbar aus öffentlichen Mitteln fließt. Auch die Beschäftigung im Kirchendienst und bei der Reichsbank gilt als Verwendung im sonstigen öffentlichen Dienste im Sinne dieser Vorschrift.

3. Bei Berechnung des früheren und des neuen Diensteinkommens sind die Aufwandsentschädigungen, die jederzeit widerruflichen Zulagen für eine Tätigkeit bei bestimmten Behörden und die Auslandszulagen nicht in Ansatz zu bringen. Dagegen sind sowohl dem früheren und dem neuen Diensteinkommen als auch der Pension die daneben nach dem Familienstande zahlbaren Beihilfen und die zur Anpassung an die allgemeine und die örtliche Wirtschaftslage zur Zeit der Verwendung gewährten Zuschlägen hinzuzurechnen. Nach Ortsklassen abgestufte Diensteinkommensteile sind in dem früheren Diensteinkommen mit den für die Art der Verwendung maßgebenden Sätzen zu berücksichtigen.

6. Im § 28 Abs. 2 ist hinzugefügt:

im § 27 Abs. 3 gilt entsprechend.

7. Im § 28 Abs. 3 sind die Worte „Reichs- oder Staatsdienst" ersetzt durch die Worte „Reichs-, Staats- oder in einem sonstigen öffentlichen Dienst."

8. Im § 29 ist Abs. 2 gestrichen.

9. Im § 29a Abs. 1 sind die Worte „Reichs- oder Staatsdienst" ersetzt durch die Worte „Reichs-, Staats- oder in einem sonstigen öffentlichen Dienst."

---

11. Änderung des Hinterbliebenenfürsorgegesetzes.

Der in der 3. Auflage der Preußischen Besoldungsgesetze auf S. 219 ff. wiedergegebene Text hat folgende Änderungen erfahren:

1. § 8 Abs. 2 hat folgende Fassung:

Das Witwengeld soll jedoch vorbehaltlich der im § 10 verordneten Beschränkung nicht hinter einem Drittel des niedrigsten ruhegehaltsfähigen Diensteinkommens aus der Besoldungsgruppe A 1 der aufsteigenden Gehälter zurückbleiben und nicht die Hälfte des ruhegehaltsfähigen Diensteinkommens aus der Besoldungsgruppe II der Einzelgehälter übersteigen.

2.[1]) Im § 8 Abs. 3 und im § 9 Abs. 2 sind die Worte „volle Mark" ersetzt durch die Worte „durch 10 teilbare Markbeträge".

3. Im § 12 Abs. 3 ist die Ziffer „1/20" ersetzt durch die Ziffer „1/10".

4. Dem § 12a ist als Abs. 3 folgende Vorschrift angefügt:

„§ 27 Abs. 3 des Pensionsgesetzes in der Fassung des Artikels IV des Gesetzes vom 12. Juli 1923 (Gesetzsammlung S. 305) gilt entsprechend."

---

[1]) Diese Änderung ist inzwischen gegenstandslos geworden durch Art. VI des Ges. vom 3. Januar 1924, wodurch der Finanzminister ermächtigt wird, Vorschriften über die Abrundung der Versorgungsbezüge zu erlassen.

5. § 19 hat folgende Fassung erhalten:

„Das Recht auf den Bezug des Witwen- und Waisengeldes ruht,

1. solange der Berechtigte nicht Reichsangehöriger ist;
2. bei Verwendung im Reichs-, Staats- oder in einem sonstigen öffentlichen Dienst im Sinne des § 27 Abs 2 des Pensionsgesetzes in der Fassung des Artikels IV des Gesetzes vom 12. Juli 1923 (Gesetzsamml. S. 305) insoweit, als
   a) das Diensteinkommen der Witwe unter Hinzurechnung des Witwengeldes den Betrag übersteigt, der dem Verstorbenen an demselben Orte während derselben Zeit an Ruhegehalt zugestanden hätte,
   b) das Diensteinkommen der Waise unter Hinzurechnung des Waisengeldes die Hälfte des zu a bezeichneten Betrags übersteigt.

Bei Berechnung der unter Nr. 2 bezeichneten Gebührnisse gilt § 27 Abs. 3 des Pensionsgesetzes in der Fassung des Artikels IV des Gesetzes vom 12. Juli 1923 (Gesetzsamml. S 305) entsprechend."

6. Hinter § 19 sind folgende Paragraphen eingefügt:

„§ 19 a.

Das Recht auf den Bezug des Witwengeldes ruht neben einer Pension, die ganz oder zum Teil unmittelbar oder mittelbar aus öffentlichen Mitteln fließt, insoweit, als diese unter Hinzurechnung des Witwengeldes 90 vom Hundert der im § 19 Nr. 2 bezeichneten Pension übersteigt.

§ 19 b.

Tritt das Ruhen des Rechtes auf den Bezug von Witwen- und Waisengeld gemäß §§ 19, 19 a im Laufe eines Monats ein, so wird die Zahlung mit dem Ende des Monats eingestellt; tritt es am ersten Tage eines Monats ein, so hört die Zahlung mit dem Beginne des Monats auf.

Lebt das Recht auf den Bezug von Witwen- und Waisengeld wieder auf, so hebt die Zahlung mit dem Beginne des Monats an."

12. Änderungen des Volksschullehrer-Ruhegehaltsgesetzes.

Der in der 3. Auflage der Preußischen Besoldungsgesetze auf S. 225 ff. wiedergegebene Text hat folgende Änderungen erfahren:

1. Dem § 1 Abs. 4 ist folgender Satz hinzugefügt:

Dies gilt auch für die auftragsweise vollbeschäftigten und einstweilig angestellten Lehrer, die wegen Dienstunfähigkeit aus dem Dienst entlassen werden.

2. Der § 2 hat folgenden Wortlaut:

Die Pension beträgt bei vollendeter zehnjähriger oder kürzerer Dienstzeit $^{35}/_{100}$ und steigt nach vollendetem zehnten Dienstjahre mit jedem weiter zurückgelegten Dienstjahre bis zum vollendeten fünfundzwanzigsten Dienstjahr um $^{2}/_{100}$ und von da ab um $^{1}/_{100}$ des im § 4 bestimmten Diensteinkommens. Über den Betrag von $^{80}/_{100}$ dieses Diensteinkommens hinaus findet eine Steigerung nicht statt.

In dem im § 1 Abs. 2 erwähnten Falle beträgt die Pension $^{35}/_{100}$, in dem Falle des § 1 Abs. 4 Satz 1 höchstens $^{35}/_{100}$ des vorbezeichneten Diensteinkommens und in dem Falle des § 1 Abs. 4 Satz 2 höchstens den seiner ruhegehaltsfähigen Dienstzeit entsprechenden Betrag.

3. § 3 hat folgende Fassung:

Der Jahresbetrag des Ruhegehalts sowie des etwa gewährten Versorgungszuschlags ist, jeder für sich, auf volle drei Goldmark nach oben abzurunden.

4. Im § 6 haben die bisherigen Nummern 1, 2, 3 die Nummern 2, 3, 4.

5. Im § 6 wird als Nr. 1 eingefügt:

„1. im einstweiligen Ruhestand im öffentlichen Schuldienst, im Reichs- oder unmittelbaren Staatsdienst oder auf Anordnung des Staatsministeriums im Dienst eines preußischen Kommunalverbandes verwendet worden ist, oder"

6. Der § 16 hat folgende Fassung:

„Die Versetzung in den Ruhestand tritt, sofern nicht auf den Antrag oder mit ausdrücklicher Zustimmung des Lehrers ein früherer Zeitpunkt festgesetzt wird, mit Ablauf des Monats ein, der auf den Monat folgt, in dem dem Lehrer die Entscheidung der Schulaufsichtsbehörde über seine Versetzung in den Ruhestand bekannt gemacht worden ist."

7. Der § 19 Abs. 1 Ziffer 2 und § 19 Abs. 2 und 3 haben folgenden Wortlaut:

„2. Wenn und solange ein Pensionär aus der Verwendung im Reichs-, Staats- oder in einem sonstigen öffentlichen Dienste ein Diensteinkommen bezieht, insoweit, als der Betrag dieses neuen Diensteinkommens unter Hinzurechnung der Pension den Betrag des von dem Lehrer vor der Pensionierung bezogenen Diensteinkommens übersteigt.

2. Als Verwendung im Reichs-, Staats- oder in einem sonstigen öffentlichen Dienste im Sinne dieser Vorschrift gilt ohne Rücksicht auf die Art und Dauer der Beschäftigung jede Tätigkeit, für die eine Vergütung gewährt wird, die ganz oder zum Teile unmittelbar oder mittelbar aus öffentlichen Mitteln fließt Auch die Beschäftigung im Kirchendienst und bei der Reichsbank gilt als Verwendung im sonstigen öffentlichen Dienste im Sinne dieser Vorschrift.

3. Bei Berechnung des früheren und des neuen Diensteinkommens sind die Dienstaufwandsentschädigungen, die jederzeit widerruflichen Zulagen für eine Tätigkeit bei bestimmten Behörden und die Auslandszulagen nicht in Ansatz zu bringen. Dagegen sind sowohl dem früheren und dem neuen Diensteinkommen als auch der Pension die daneben nach dem Familienstande zahlbaren Beihilfen und die zur Anpassung an die allgemeine und die örtliche Wirtschaftslage zur Zeit der Verwendung gewährten Zuschläge hinzuzurechnen. Nach Ortsklassen abgestufte Diensteinkommensteile sind in dem früheren Diensteinkommen mit dem für den Ort der Verwendung maßgebenden Satze zu berücksichtigen."

Im § 20 Abs. 2 ist am Schlusse folgender Satz hinzugefügt:
„§ 19 Abs. 3 gilt entsprechend."

Im § 20 Abs. 3 steht statt „Reichs- oder Staatsdienst" „Reichs-, Staats- oder in einem sonstigen öffentlichen Dienste."

9. Im § 21 ist der Abs. 2 gestrichen.

10. Der § 24 hat folgende Fassung:

„Die vorstehend für Lehrer getroffenen Bestimmungen finden auch auf Lehrerinnen Anwendung."

13. Änderung des Volksschullehrer-Hinterbliebenen-Fürsorgegesetzes.

Der in der 3. Auflage der Preußischen Besoldungsgesetze auf S. 231 ff. wiedergegebene Text hat folgende Änderungen erfahren:

1. § 3 hat folgende Fassung:

Der Jahresbetrag des Ruhegehalts sowie des etwa gewährten Versorgungszuschlags ist, jeder für sich, auf volle drei Goldmark nach oben abzurunden.

2. Im § 7 Abs. 1 ist die Ziffer „1/20" durch die Ziffer „1/10" ersetzt.

3. Im § 7a sind ersetzt:

a) die Worte „Artikel I § 19 Nr. 2 des Gesetzes vom 6. Juli 1885 (Gesetzsammlung S 298) in der Fassung des Gesetzes vom 10. Juni 1907" durch die Worte „Artikel I § 19 Nr. 2 des Gesetzes vom 6. Juli 1885 (Gesetzsammlung S. 298) in der Fassung des Artikels III § 4 des Gesetzes vom 10. Juli 1923 (Gesetzsammlung S 317)";

b) die Worte „Artikel I § 20 Abs. 4 des Gesetzes vom 6. Juli 1885 in der Fassung des § 25 Nr. 5 Abs. 3 des Volksschullehrer-Diensteinkommensgesetzes" durch die Worte „Artikel I § 20 Abs. 3 des Gesetzes vom 6. Juli 1885 in der Fassung des § 25 Nr. 5 des Volksschullehrer-Diensteinkommensgesetzes und des Artikels III § 5 des Gesetzes vom 10. Juli 1923."

4. Dem § 7a ist als Abs. 2 folgende Vorschrift angefügt:

„Der § 19 Abs. 3 des Gesetzes vom 6. Juli 1885 in der Fassung des Gesetzes vom 10. Juli 1923 gilt entsprechend."

5. § 12 Abs. 2 ist gestrichen.

6. Hinter § 12 sind eingefügt:

„§ 12a.

Das Recht auf den Bezug des Witwen- und Waisengeldes ruht:

1. solange der Berechtigte nicht Reichsangehöriger ist;

2. bei Verwendung im Reichs-, Staats- oder in einem sonstigen öffentlichen Dienst im Sinne des § 19 Abs 2 des Gesetzes vom 6. Juli 1885 (Gesetzsammlung S. 298) in der Fassung des Artikels III § 4 des Gesetzes vom 10. Juli 1923 (Gesetzsammlung S. 317) insoweit, als

a) das Diensteinkommen der Witwe unter Hinzurechnung des Witwengeldes den Betrag übersteigt, der dem Verstorbenen an demselben Orte während derselben Zeit an Ruhegehalt zugestanden hätte,

b) das Diensteinkommen der Waise unter Hinzurechnung des Waisengeldes die Hälfte des zu a bezeichneten Betrags übersteigt.

Bei Berechnung der unter Nr. 2 bezeichneten Gebührnisse gilt § 19 Abs. 3 des Gesetzes vom 6. Juli 1885 in der Fassung des Gesetzes vom 10 Juli 1923 entsprechend.

§ 12b.

Das Recht auf den Bezug des Witwengeldes ruht neben einem Ruhegehalt, das ganz oder zum Teil unmittelbar oder mittelbar aus öffentlichen Mitteln fließt; insoweit, als dieses unter Hinzurechnung des Witwengeldes 90 vom Hundert des im § 12a Nr. 2 bezeichneten Ruhegehalts übersteigt.

§ 12c.

Tritt das Ruhen des Rechtes auf den Bezug von Witwen- und Waisengeld gemäß §§ 12a, 12b im Laufe eines Monats ein, so wird die Zahlung mit dem Ende des Monats eingestellt; tritt es am ersten Tage eines Monats ein, so hört die Zahlung mit dem Beginne des Monats auf.

Lebt das Recht auf den Bezug von Witwen- und Waisengeld wieder auf, so hebt die Zahlung mit dem Beginne des Monats an."

---

14. Änderung des Beamten-Fürsorgegesetzes.

Der in der 3. Auflage der Preußischen Besoldungsgesetze auf S. 240 wiedergegebene Text hat folgende Änderungen erfahren:

1. Im § 2 Nr. 2a steht an Stelle von „120 000 Mk." und „1 200 000 Mk. monatlich" sowie „70 000 Mk." und „300 000 Mk. monatlich": „216 Goldmark" und „2160 Goldmark jährlich" sowie „126 Goldmark" und „540 Goldmark jährlich".
2. Im § 2 Nr. 2b und c steht an Stelle von „70 000 Mk." und „300 000 Mk. monatlich": „126 Goldmark" und „540 Goldmark jährlich".

---

15. Bestimmungen der Preuß. Personal-Abbau-Verordnung über die Kürzung von Versorgungsbezügen bei Privateinkommen.

§ 92.

(1) Bezieht ein Versorgungsberechtigter, der nicht im Reichs-, Staats- oder einem sonstigen öffentlichen Dienste im Sinne des § 27 Nr. 2 des Gesetzes, betreffend die Pensionierung der unmittelbaren Staatsbeamten, vom 27. März 1872/27. Mai 1907 in der Fassung des Artikels IV des Gesetzes über Änderungen der Dienst- und Versorgungsbezüge der unmittelbaren Staatsbeamten vom 12. Juli 1923 (Gesetzsamml. S. 305) verwendet wird, neben seinen Versorgungsbezügen ein weiteres steuerbares Einkommen (Privateinkommen), so werden die Versorgungsbezüge unbeschadet der Bestimmung des § 93 nach folgenden Vorschriften gekürzt. Dabei bleibt das Einkommen aus dem Vermögen der Ehefrau und der Kinder außer Betracht.

(2) Bis zur Höhe des Betrags, der dem jeweiligen Grundgehalte der Eingangsstufe der Besoldungsgruppe I A 8 entspricht, bleibt das Privateinkommen bei der Kürzung unberücksichtigt (kürzungsfreies Privateinkommen). Zum Grundgehalte tritt der Ortszuschlag und der Ausgleichszuschlag nach dem Beschäftigungsorte, mangels eines solchen nach dem Wohnorte.

(3) Die Versorgungsbezüge — und zwar der etwa in ihnen enthaltene Versorgungszuschlag zuerst — werden um die Hälfte des Betrags gekürzt, um den das gesamte Privateinkommen (Abs. 1) das kürzungsfreie Privateinkommen (Abs. 2) übersteigt.

(4) Zu dem Ausgleichs- und Versorgungszuschlag im Sinne dieser Vorschriften gehört auch der etwa gewährte örtliche Sonderzuschlag.

§ 93.

Bezieht ein Versorgungsberechtigter neben Versorgungsbezügen, die auf Grund des Schutzpolizeibeamtengesetzes vom 16. August 1922 (Gesetzsamml. S. 251) nach dem Reichsversorgungsgesetze gewährt werden, ein Privateinkommen im Sinne des § 92 Abs. 1, so ruhen seine Versorgungsbezüge nach Maßgabe des § 62 des Reichsversorgungsgesetzes in der Fassung des Gesetzes vom 30. Juni 1923 (Reichsgesetzbl. I S. 523) ebenso, wie wenn sein Privateinkommen aus öffentlichen Mitteln fließen würde.

§ 94.

Für den Zeitpunkt der Einziehung, Kürzung und Wiedergewährung der Bezüge gilt § 29 des Zivilruhegehaltsgesetzes in der Fassung des Artikels IV des Gesetzes vom 12. Juli 1923 (Gesetzsamml. S. 305).

§ 95.

(1) Für die Feststellung der Höhe des Einkommens im Sinne des § 92 ist in der Regel die Veranlagung zur Reichseinkommensteuer zugrunde zu legen, unbeschadet des Nachweises des Versorgungsberechtigten, daß sich sein Einkommen seitdem verändert hat.

(2) Jeder Versorgungsberechtigte, der nicht im Reichs-, Staats- oder einem sonstigen öffentlichen Dienste verwendet wird und neben seinen Versorgungsbezügen ein weiteres, das kürzungsfreie Privateinkommen (§ 92 Abs. 2) übersteigendes, steuerbares Einkommen bezieht, ist bei Gefahr des Verlustes seines Anspruchs auf Versorgung verpflichtet, der seine Versorgungsbezüge regelnden Behörde, oder wenn sie ihm nicht bekannt ist, der seine Versorgungsbezüge zahlenden Kasse innerhalb eines Monats nach der Verkündung dieser Verordnung oder nach Beginn des Bezugs eines solchen weiteren Einkommens dessen Höhe anzuzeigen. Spätere Erhöhungen dieses Einkommens sind innerhalb der gleichen Frist mitzuteilen, falls sie nicht lediglich auf inzwischen eingetretener Geldentwertung beruhen. Handelt der Versorgungsberechtigte seiner Verpflichtung zuwider, so kann ihm der Anspruch auf Versorgung entzogen werden Vor Entziehung der Versorgungsbezüge ist dem Versorgungsberechtigten Gelegenheit zur Äußerung zu geben.

§ 96.

Hat neben einer Kürzung nach den vorstehenden Vorschriften noch eine weitere Kürzung nach anderen Vorschriften zu erfolgen, so sind die Kürzungen in der für den Bezugsberechtigten günstigsten Reihenfolge vorzunehmen.

§ 97.

Soweit sich bei Anwendung dieser Vorschriften Härten ergeben, kann der zuständige Fachminister im Einvernehmen mit dem Finanzminister eine anderweitige Regelung treffen. Er ist insbesondere ermächtigt, Versorgungsansprüche, die nach § 95 Abs. 3 entzogen sind, wieder zuzuerkennen.

§ 98.

(1) Versorgungsbezüge im Sinne dieser Vorschriften sind Wartegelder, Übergangsgelder, Übergangsgebührnisse, Zulagen zu den Übergangsgebührnissen, Ruhegehälter, Witwen- und Waisengelder.

(²) Den Versorgungsbezügen steht das Diensteinkommen von Beamten gleich, die unter Belassung des vollen Gehalts vom Amte enthoben oder von ihren amtlichen Verpflichtungen entbunden sind.

§ 99.

(¹) Die Vorschriften dieses Abschnitts finden Anwendung auf die Empfänger von Versorgungsbezügen (§ 98), die im Staatsdienst, im Dienste einer Gemeinde oder eines Gemeindeverbandes oder im öffentlichen Schuldienst erdient sind.

(²) Die Körperschaften des öffentlichen Rechts sind berechtigt, für ihre Versorgungsberechtigten entsprechende Vorschriften zu erlassen. Sie sind dazu verpflichtet, soweit es das Staatsministerium anordnet.

(³) Im Falle des § 97 tritt für die Kommunalbeamten und die Beamten der Körperschaften des öffentlichen Rechts an die Stelle des Fachministers und des Finanzministers das Verwaltungsorgan der Gemeinde oder des Gemeindeverbandes oder der Körperschaft des öffentlichen Rechts.

---

16. Richtlinien für die Durchführung der §§ 92 bis 99 der Personalabbauverordnung (Pensionskürzungsgesetz).

(Sondererlaß des FinMin. vom 12. März 1924 — I D 1 740.)

Zu § 92.

1. Der Begriff der Versorgungsbezüge und der Kreis der Versorgungsberechtigten im Sinne dieser Vorschriften sind in den §§ 98 und 99 (Nr. 17, 18) näher erläutert.

2. Für die Anwendung der §§ 92 ff. kommen nur solche Versorgungsberechtigte in Betracht, die nicht im Reichs-, Staats- oder in einem sonstigen öffentl. Dienste im Sinne des § 27 Abs. 2 ZRG. in der Fassung des Art. IV des Gesetzes v. 12. 7. 1923 — (GS. S. 305) beschäftigt sind, und zwar dann, wenn sie anderweit — sei es aus Arbeit, aus Grundbesitz, aus Gewerbebetrieb, aus Kapitalvermögen oder aus sonstigen Einnahmen im Sinne des Reichseinkommensteuergesetzes — neben ihren Versorgungsbezügen ein steuerbares Einkommen beziehen.

Versorgungsberechtigte, die aus Anlaß ihrer Verwendung im Reichs-, Staats- oder in einem sonstigen öffentl. Dienste im Sinne des § 27 Abs. 2 ZRG. eine Vergütung aus öffentl. Mitteln erhalten, unterliegen nur den hiefür geltenden Ruhensvorschriften. Sie fallen auch dann nicht unter die §§ 92 ff., wenn sie neben dem Einkommen aus der Verwendung im öffentl. Dienst noch Privateinkommen beziehen, wobei es gleichgültig ist, ob wegen der Verwendung im öffentl. Dienst tatsächlich eine Kürzung der Versorgungsbezüge erfolgt oder nicht. Bei versorgungsberechtigten Witwen und Waisen ist zu beachten, daß mit Wirkung vom 1. 4. 1924 ab auf Grund der Bestimmungen in den §§ 86, 88 und 108 Abs. 1 Ziff. 4 eine Kürzung des Witwen- und Waisengeldes bei einer Verwendung im Reichs-, Staats- oder in einem sonstigen öffentl. Dienste eintritt.

Wegen der Fälle, in denen ein Versorgungsberechtigter auf Grund einer Verwendung im Reichs-, Staats- oder in einem sonstigen öffentl. Dienste eine zweite Versorgung erdient hat, vgl. Nr. 15.

3. Für die Auslegung des Begriffs des neben den Versorgungsbezügen bezogenen weiteren „steuerbaren Einkommens (Privateinkommen)" gelten die jeweiligen Bestimmungen des Reichseinkommensteuergesetzes. Dieses Einkommen ist daher in gleicher Weise zu ermitteln, wie es für die Erhebung der Einkommensteuer vorgeschrieben ist; nur ist das Einkommen des Ehemannes aus dem Vermögen der Ehefrau und der Kinder sowie das Einkommen der Ehefrau und der Kinder selbst hierbei außer Betracht zu lassen. Das Arbeitseinkommen der Ehefrau aus einer Beschäftigung im Betriebe des Versorgungsberechtigten zählt dagegen den Vorschriften des Reichseinkommensteuergesetzes entsprechend zum Privateinkommen des Versorgungsberechtigten.

Bei der Ermittelung des „Privateinkommens" einer verheirateten (weiblichen) Versorgungsberechtigten ist außer dem Einkommen, mit dem sie selbständig zur Einkommensteuer zu veranlagen ist, auch dasjenige Einkommen, das bei ihrem Ehemann als Einkommen der Ehefrau zu veranlagen ist, mit in Ansatz zu bringen, soweit es sich nicht um Arbeitseinkommen der Ehefrau aus einer Beschäftigung im Betriebe des Ehemannes handelt.

Für einen Versorgungsberechtigten, der infolge dauernden Aufenthalts im Auslande nicht oder nur teilweise einkommensteuerpflichtig ist, wird das Privateinkommen so berechnet, als wenn er mit seinem gesamten Einkommen in Deutschland einkommensteuerpflichtig wäre.

4. Der Betrag des „kürzungsfreien Privateinkommens" ergibt sich aus dem Diensteinkommen, das am Orte der Beschäftigung oder, wenn eine solche nicht ausgeübt wird, am Wohnorte oder dauernden Aufenthaltsorte des Versorgungsberechtigten ein Beamter der Bes.-Gruppe I A 8 Stufe 1 an Grundgehalt und Ortszuschlag nebst etwaigem Ausgleichszuschlag und örtl. Sonderzuschlag bezieht. Sonstige Gebührnisse, wie Kinderbeihilfe, Frauenbeihilfe usw. bleiben dagegen außer Betracht.

Der Monatsbetrag des kürzungsfreien Privateinkommens ist auf volle Goldmark nach oben abzurunden.

Für einen Ruhegehaltsempfänger in der Ortsklasse E beträgt hiernach das kürzungsfreie Privateinkommen für Februar 1924:

Grundgehalt	1 620 GM.	: 12 =	135 GM.
Ortszuschlag (E)	120 „	: 12 =	10 „
Zusammen			**145 GM.**

Für einen Ruhegehaltsempfänger in Berlin beträgt das kürzungsfreie Privateinkommen für Februar 1924:

Grundgehalt	1 620 GM.	: 12 =	135,— GM.
Ortszuschlag (A)	240 „	: 12 =	20,— „
Zusammen			155,— GM.
Grundbetrag des örtl. Sonderzuschlags für Berlin 9 v. H. der vorstehenden Summe		=	13,95 GM.
Zusammen			168,95 GM.
Abgerundet . . .			**169,—** „

Bei Versorgungsberechtigten, die sich dauernd im Auslande aufhalten (Nr. 3 letzter Absatz), ist der Ortszuschlag A, aber kein örtl. Sonderzuschlag zugrunde zu legen.

5. Übersteigt das Privateinkommen (Nr. 3) den vorbezeichneten kürzungsfreien Betrag, so werden die Versorgungsbezüge einschl des etwaigen Versorgungszuschlags und örtl. Sonderzuschlags um die Hälfte dieses Mehrbetrags gekürzt. Ein völliges Ruhen der Versorgungsbezüge tritt also erst dann ein, wenn das Privateinkommen den doppelten Betrag der Versorgungsbezüge zuzügl. der obenbezeichneten Gebührnisse nach Gruppe 8 Stufe 1 erreicht. Zu beachten ist hierbei, daß im Falle des völligen Ruhens der Versorgungsbezüge einschl. des etwaigen Versorgungszuschlags und örtl. Sonderzuschlags die Zahlung der neben den Versorgungsbezügen etwa sonst noch zustehenden Gebührnisse (Besatzungszulage, Saarzulage, Kinderbeihilfe, Frauenbeihilfe usw.) nicht einzustellen ist.

6. Die Ausführungen zu Nr. 2 bis 5 gelten sinngemäß auch für versorgungsberechtigte Hinterbliebene. Daher kann z. B. Einkommen der Kinder nicht zu einer Kürzung des Witwengeldes sondern nur zu einer Kürzung des Waisengeldes führen.

Zu § 93.

7. § 93 trifft eine Sonderregelung für die mit Versorgungsansprüchen aus dem Schutzpolizeidienst ausgeschiedenen Schutzpolizeibeamten.

Soweit sie ruhegehaltsberechtigt sind (§§ 32, 33 des Schutzpolizeibeamtengesetzes) oder Übergangsgebührnisse (§ 38 a. a. O.) und Zulagen zu diesen (§ 39 a. a. O.) beziehen, gelten die Ausführungen zu Nr. 2 entsprechend. Bei einer Verwendung im Reichs-, Staats- oder in einem sonstigen öffentl. Dienste regelt sich also die Kürzung des Ruhegehalts, der Übergangsgebührnisse und der Zulagen zu diesen nach den Vorschriften der §§ 66, 67 und 68 a. a. O. und des Art. IX des Gesetzes v 12. 7. 1923 (GS. S. 305) Soweit sie nach dem Reichsversorgungsgesetz abgefunden werden, erfolgt eine Kürzung ihrer Versorgungsbezüge beim Bezuge eines weiteren steuerbaren Einkommens (Nr. 3) nur in dem im § 62 RVG. in der Fassung des Gesetzes v. 30 6. 1923 (RGBl. I S. 523) vorgesehenen Umfange. Für die Durchführung der Kürzungen gelten die zu § 62 RVG. erlassenen und noch ergehenden Ausführungsbestimmungen (vgl. RVBl. 1924 S. 5 Nr. 3).

Zu § 94.

8. Die Vorschrift, daß für den Zeitpunkt der Einziehung, Kürzung und Wiedergewährung der Bezüge § 29 ZRG. Anwendung finden soll, dient der Einheitlichkeit des Verfahrens. Dabei ist zu beachten, daß die früheren Vorschriften über die Regelung der Bezüge bei vorübergehender Beschäftigung weggefallen sind — vgl. Art. IV Ziff. VI des Gesetzes v. 12. 7. 1923 (GS. S. 305) —. Zur Vermeidung von Zweifeln wird ferner bemerkt, daß für den Beginn des Ruhens und des Wiederauflebens der Versorgungsbezüge nicht die Beschäftigung selbst, sondern der Zeitpunkt des Beginns oder des Wegfalls des Einkommensbezuges maßgebend ist.

Zu § 95.

9. In der Regel ist bei der Ermittelung des Privateinkommens im Sinne des § 92 Abs. 1 (Nr. 3) die Veranlagung zur Reichseinkommensteuer

zugrunde zu legen, wobei dem Versorgungsberechtigten der Nachweis offensteht, daß sich sein Einkommen seitdem verändert hat. Bestehen Zweifel über die Richtigkeit der Angaben des Versorgungsberechtigten über das veranlagte Einkommen, so haben die Regelungsbehörden unmittelbar Auskunft von der für den Versorgungsberechtigten zuständigen Steuerbehörde über die Höhe seines Einkommens einzuholen. Bei unbedeutenden Beträgen ist hiervon abzusehen. In Zweifelsfällen sind an die Steuerbehörden auch Anfragen darüber zu richten, wie der Begriff „steuerbares Einkommen" auszulegen ist, und ob danach eine von dem Versorgungsberechtigten etwa vorgenommene Absetzung von Werbungskosten (Aufwandsentschädigung usw.) oder anderen Abzügen überhaupt und ihrer Höhe nach zulässig ist.

Jeder Versorgungsberechtigte, der **nicht** im Reichs-, Staats- oder in einem sonstigen öffentl. Dienste verwendet wird (Nr. 2), jedoch neben seinen Versorgungsbezügen ein weiteres, das kürzungsfreie Privateinkommen übersteigendes, steuerbares Einkommen bezieht (Nr. 3 und 4), ist bei Gefahr des Verlustes seines Anspruchs auf Versorgung auf Zeit oder Dauer verpflichtet, der seine Versorgungsbezüge regelnden Behörde oder, wenn sie ihm nicht bekannt ist, der seine Versorgungsbezüge zahlenden Kasse innerhalb eines Monats nach der Verkündung der PAV. oder nach Beginn des Bezuges eines solchen weiteren Einkommens dessen Höhe anzuzeig n.

Die PAV ist am 11. 2. 1924 verkündet worden. Die Anzeige hat demnach erstmalig bis zum 11. 3. 1924 zu erfolgen.[1]) Die Versorgungsberechtigten sind im übrigen zur Anzeige innerhalb eines Monats **verpflichtet**, nachdem sie in den Bezug eines steuerbaren Einkommens gelangt sind, das nach Abzug der Versorgungsbezüge und des Einkommens des Ehemannes aus dem Vermögen der Ehefrau und der Kinder sowie des Einkommens der Ehefrau und der Kinder (Nr. 3, 5) das Diensteinkommen der Eingangsstufe der Besoldungsgruppe I A 8 zuzüglich eines etwa gewährten örtl. Sonderzuschlags übersteigt oder nachdem Erhöhungen dieses Einkommens erfolgt sind, die über die etwa noch eintretenden Erhöhungen der Beamtenbezüge oder über die Erhöhungen des Goldumrechnungssatzes für Reichssteuern für denselben Zeitraum hinausgehen. Weitergehende Einkommensverbesserungen (auch solche durch Tantiemen und andere nach Gewinn berechnete Vergütungen, Remunerationen, Gratifikationen usw.) sind demnach anzuzeigen.

Bei dieser Regelung der Anzeigepflicht wird unterstellt, daß bei Erhöhungen der Versorgungsbezüge sich gleichzeitig das tatsächl. Privateinkommen des Versorgungsberechtigten in **demselben** Verhältnis erhöht. Ist dagegen das Privateinkommen gegenüber der Erhöhung der Versorgungsbezüge im Verhältnis **zurückgeblieben**, so ist der Versorgungsberechtigte **berechtigt**, den Nachweis der tatsächl. Höhe seines Privateinkommens zu erbringen, um daraufhin eine Änderung der Kürzung zu seinen Gunsten zu erreichen

Kann das Einkommen nicht zahlenmäßig festgestellt werden, z. B. bei Gewerbetreibenden, Landwirten usw., so ist das Einkommen schätzungsweise anzugeben. Die Regelungsbehörden sind berechtigt, die Unterlagen zu diesen Schätzungen erforderlichenfalls einzufordern. Bei denjenigen Versorgungsberechtigten, bei denen eine Veranlagung zur Einkommensteuer für 1922 stattgefunden hat, ist in jedem Falle in der Anzeige zu Vergleichszwecken auch anzugeben, wie hoch das endgültig veranlagte steuerbare Einkommen im Kalenderjahre 1922 nach Abzug der Versorgungsbezüge und des Einkommens

---

[1]) Wegen dieser erstmaligen Anzeige vgl. RdErl. v. 16. 2. 1924 — I D 1 485 — (PrBesBl. S. 31).

aus dem Vermögen der Ehefrau und der Kinder gewesen ist. Ist eine Veranlagung zur Einkommensteuer im Jahre 1922 nicht erfolgt, so ist das Einkommen anzugeben, das der tatsächlich gezahlten Einkommensteuer oder der von der Steuerbehörde widerspruchslos angenommenen Steuererklärung für 1922 entspricht. Versorgungsberechtigte, die auf Grund der zweiten Steuernotverordnung v. 19. 12. 1923 (RGBl. I S. 1205) Vorauszahlungen auf die Einkommensteuer 1924 zu leisten haben, haben ferner zu Vergleichszwecken die Höhe der Vorauszahlungen anzugeben, die sie in dem Monat oder in dem Vierteljahr, innerhalb deren sie in den Bezug eines steuerbaren Einkommens gelangt sind, geleistet haben.

10. Die Anzeige muß die Art und Höhe des neben den Versorgungsbezügen bezogenen Privateinkommens (Nr. 3) enthalten und insbesondere ersehen lassen, ob und wie hoch Werbungskosten (auch Aufwandsentschädigungen) und sonstige Abzüge im Sinne des § 13 REStG. etwa abgesetzt sind.

Bei Privateinkommen aus nicht selbständiger Arbeit bemißt sich die Höhe der zulässigen Abzüge einschl. der Werbungskosten nach der Höhe des „steuerfreien Lohnbetrages" im Sinne der Vorschriften über den Steuerabzug vom Arbeitslohn. Übersteigen die zulässigen Abzüge den steuerfreien Lohnbetrag, so ist dem Versorgungsberechtigten durch Art. I § 19 der zweiten Steuernotverordnung die Möglichkeit gegeben, eine Erhöhung dieses letzteren Betrages durch die Steuerbehörden herbeizuführen. Erwachsen einem Versorgungsberechtigten daraus Mehraufwendungen, daß er durch den Erwerb eines Arbeitseinkommens außerhalb seines ständigen Wohnsitzes gezwungen ist, einen doppelten Haushalt zu führen, so kann die Regelungsbehörde diese Mehraufwendungen insoweit von sich aus zum Abzuge zulassen, als sie nicht bereits zu einer Erhöhung des steuerfreien Lohnbetrages geführt haben. Die Höhe der Entschädigungen, die in solchen Fällen Beamten der Besoldungsgruppe des Versorgungsberechtigten gewährt werden, kann dabei als Anhalt dienen.

Der steuerfreie Lohnbetrag kann nur insoweit abgesetzt werden, als er anteilmäßig auf das in dem Gesamtlohn enthaltene, für die Kürzung in Betracht kommende Privateinkommen entfällt.

Beispiel: Arbeitseinkommen aus einer Wiederbeschäftigung monatlich	300 GM.
Arbeitseinkommen als Versorgungsbezüge (ungekürzt) . . .	200 „
Gesamtarbeitseinkommen . .	500 GM.

Beträgt der „steuerfreie Lohnbetrag" 50 GM. monatlich, so würden also hier von den 300 GM. nur 30 GM. abgesetzt werden dürfen. Hat die Steuerbehörde eine Erhöhung des steuerfreien Lohnbetrages mit Rücksicht auf die Werbungskosten zugelassen, die mit dem Privateinkommen verbunden sind, so ist der *Mehr*betrag in voller Höhe von dem Privateinkommen abzusetzen.

11. Die Kassen haben die bei ihnen eingehenden Anzeigen unverzüglich an die zuständigen, die Versorgungsbezüge regelnden Behörden weiterzugeben. Diese prüfen die Angaben und veranlassen die erforderliche Kürzung. Sie berichten dem zuständigen Fachminister, wenn ein Versorgungsberechtigter der Anzeigepflicht nicht nachgekommen ist oder unrichtige Angaben gemacht hat, nachdem sie ihm Gelegenheit zur Äußerung gegeben haben. Der Fachminister entscheidet in Gemeinschaft mit dem Finanzminister darüber, ob eine Zahlungseinstellung auf Zeit oder Dauer zu erfolgen hat. Bei Empfängern von Versorgungsbezügen, die im Dienste einer Gemeinde, eines Gemeinde-

verbandes oder einer Körperschaft des öffentl. Rechts erdient sind, tritt an die Stelle des Fachministers und des Finanzministers das Verwaltungsorgan der Gemeinde, des Gemeindeverbandes (Gemeindevorstand, Kreisausschuß, Provinzialausschuß usw.) oder der Körperschaft des öffentl. Rechts.

Bei den Einkommensberechnungen ist von den Behörden unter Zurückstellung kleinlicher Bedenken großzügig zu verfahren; anderseits ist jedoch mit allen Mitteln anzustreben, daß Versorgungsberechtigte, deren gesamte Lebenshaltung darauf schließen läßt, daß sie ein entsprechendes hohes Einkommen besitzen, von den Kürzungsvorschriften voll erfaßt werden.

12. Die Feststellung des Kürzungsbetrages der Versorgungsbezüge erfolgt von Amts wegen. Sie gilt vorbehaltlich späterer Regelung bis auf weiteres, es sei denn, daß der Versorgungsberechtigte wegen einer wesentl. Minderung des Einkommens, die eine Änderung der zugrunde zu legenden Einkommensstufe bedingt, eine neue Feststellung beantragt oder eine Erhöhung des Einkommens bekannt wird, die ebenfalls eine Änderung der Einkommensstufe bedingt.

Bei der Kürzung, die auf Grund der erstmalig bis zum 11. März 1924 zu erstattenden Anzeigen vorzunehmen ist, ist in folgender Weise zu verfahren:

Das von dem Versorgungsberechtigten angegebene steuerbare Einkommen wird der Kürzungsberechnung zugrunde gelegt, soweit nicht durch weitere Feststellungen (z. B. Vergleich mit der Veranlagung 1922 usw.) ein anderer Einkommensbetrag ermittelt wird.

a) Der Versorgungsberechtigte hat sein Einkommen für Monat Januar oder Februar 1924 angezeigt:

Soweit es nicht bereits in Goldmark angegeben ist, ist es in Goldmark umzurechnen. Als Umrechnungssatz gilt der Umrechnungssatz für Reichssteuern für 1 Goldmark für den letzten Tag des Monats, in dem das Einkommen bezogen worden ist. Dieser Einkommensbetrag wird dem für den entsprechenden Monat (Januar oder Februar) in Betracht kommenden kürzungsfreien Privateinkommen (Nr. 4) gegenübergestellt, hiernach der Abzugsbetrag ermittelt und das Verhältnis des letzteren zu den Versorgungsbezügen (ohne Frauen- und Kinderbeihilfe) des entsprechenden Monats Januar oder Februar 1924 in Zehntel desselben errechnet. Vom 1. 4. 1924 [2]) ab ruhen von den Versorgungsbezügen die entsprechenden Zehntel. Hierbei sind überschießende Beträge, die nicht ein weiteres volles Zehntel erreichen, zugunsten des Versorgungsberechtigten unberücksichtigt zu lassen. Ergebnisse unter einem Zehntel sind mit dem wirkl. Betrage in Abzug zu bringen (vgl. Beispiel unter Nr. 13a am Ende). Eine Kürzung hat jedoch in jedem Falle zu unterbleiben, wenn sie weniger als 3 GM. monatl. beträgt. Muß bei der Ermittelung des Kürzungsbetrages auf frühere Einkommens- usw. Verhältnisse zurückgegriffen werden, so sind diese auf Goldmark umzurechnen (vgl. Nr. 12b).

Beispiel: Ein pensionierter Regierungsrat, jetzt Syndikus einer Aktiengesellschaft, verheiratet, 2 Kinder im Alter von 14 und 16 Jahren, bezieht ein Ruhegehalt von 70/100 nach Gruppe 11, Stufe 3, Wohnort: Berlin.

Das Ruhegehalt beträgt monatl. 179,75 GM. (ohne Frauen- und Kinderbeihilfe) + 9 v. H. örtl. Sonderzuschlags = 195,93 GM.

---

[2]) Vgl. RdErl. v. 27. 2. 1924 — I D [1] 617 — PrBesBl. S. 44.

Das der Abzugsberechnung zugrunde zu legende steuerbare Einkommen (Privateinkommen, Nr. 3) betrage für Februar 1924 315 GM.

Dieses Einkommen von	315,— GM.
übersteigt das kürzungsfreie Privateinkommen (Nr. 4) — Beamteneinkommen der Gruppe 8 Stufe 1 von 135 GM. Grundgehalt + 20 GM. Ortszuschlag (A) + 9 v. H. örtl. Sonderzuschlags = ...	169,— „
um:	146,— GM.
Das Ruhegehalt von	195,93 „
ermäßigt sich daher um 146/2 = 73 GM.	
d. i. rund 3/10 von 195,93 GM. = ...	58,78 GM.

1/10 = 19,59 GM.
2/10 = 39,19 GM.
3/10 = 58,78 GM.
4/10 = 78,37 GM.

} Teilbeträge sind auf volle Goldpfennige auf- oder abzurunden (1/2 Pfennig nach oben).

Ab 1 4. 1924 ruhen daher bis auf weiteres 3/10 von dem Ruhegehalt (einschl. örtl. Sonderzuschlag, ohne Frauen- und Kinderbeihilfe).

b) Hat ein Versorgungsberechtigter mangels geeigneter Unterlagen über die Höhe seines Einkommens für Februar oder Januar 1924 dieses nur schätzungsweise angegeben, so ist diese Schätzung der Kürzungsberechnung zugrunde zu legen. Bestehen begründete Zweifel an der Richtigkeit dieser Schätzung, so sind zur Nachprüfung die auf die Einkommensteuer für das Kalenderjahr 1924 nach der 2. Steuernotverordnung etwa geleisteten Vorauszahlungen sowie eine etwaige Einkommensteuerveranlagung für 1922 zu Vergleichszwecken heranzuziehen.

Kann das Einkommen von dem Versorgungsberechtigten auch nicht schätzungsweise angegeben werden, so hat es die Regelungsbehörde zu schätzen. Hierbei ist von den für das Kalenderjahr 1924 etwa zu leistenden Vorauszahlungen auf die Einkommensteuer sowie von der etwaigen Einkommensteuerveranlagung für 1922 auszugehen.

Als Anhalt für die Ermittelung des Privateinkommens aus den Vorauszahlungen auf die Einkommensteuer für 1924 kann dienen, daß die Vorauszahlungen im allgemeinen 10 bis 20 v. H. des tatsächl. Einkommens betragen werden.

Wird zur Ermittelung des Privateinkommens auf die Einkommensteuerveranlagung für 1922 zurückgegangen, so ist das Einkommen für 1922 auf Goldmark umzurechnen, und zwar in der Weise, daß von dem tatsächlich bezogenen Einkommen die Versorgungsbezüge für 1922 abgezogen werden und der verbleibende Rest durch 150[8]) geteilt wird. Der sich so ergebende Goldmarkbetrag des Privateinkommens für 1922 dient als Anhalt für die Schätzung des jetzigen Privateinkommens.

Das weitere Verfahren regelt sich nach a).

13. a) Soweit es sich bei den aus den Anzeigen oder sonstwie ermittelten Einkommensbeträgen nicht lediglich um monatlich regelmäßig wiederkehrende handelt, muß zunächst das Jahreseinkommen und sodann aus diesem das die Grundlage für die Kürzung bildende Monatseinkommen ermittelt werden.

---

[8]) D. i. der Index des Stat. Reichsamts für die Lebenshaltungskosten (Durchschnitt des Kal.-Jahres 1922).

Beispiel: (Ortskl. E ohne örtl. Sonderzuschlag).

Für die Kürzung in Betracht kommendes Einkommen im Februar 1924	515,— GM.
darin enthalten eine einmalige Einnahme von	200,— „
mithin regelmäßiges Monatseinkommen	315,— GM.

Jahreseinkommen: 315 GM. × 12 = 3780 GM. + 200 GM. (einmalig) = 3980 GM.

Durchschnittsmonatseinkommen 3980 : 12	331,67 GM.
kürzungsfreies Privateinkommen (vgl. Nr. 4)	145,— „
bleiben	186,67 GM.
davon die Hälfte	93,34 „

Beträgt das Ruhegehalt z. B. 180 GM. monatlich, so ist es nach Nr. 12a v. 1. 4. ab um 5/10 zu kürzen.

Bei 150 GM. Ruhegehalt ist zu kürzen um	5/10	(vgl. Nr. 12a Abs. 2).
„ 220 „ „ „ „ „ „	4/10	
„ 400 „ „ „ „ „ „	2/10	
„ 933 „ „ „ „ „ „	1/10	
„ 934 „ „ u. mehr „ „ „ „	93,34 GM.	

b) Sinkt das regelmäßige Monatseinkommen später, z. B. am 1. Juli, auf 115 GM. herab, so ergibt sich folgende Berechnung: 115 × 12 = 1380 GM. + 200 GM. (einmalig) = 1580 GM. : 12 = . . 131,67 GM.
kürzungsfrei [4]) . . . . 145,— „
mithin vom 1. Juli ab keine Kürzung mehr.

c) Hat der Versorgungsberechtigte im August eine weitere einmalige Einnahme von 800 GM., so stellt sich die Berechnung wie folgt:
115 × 12 = 1380 GM. + (200 GM. + 800 GM. — einmalig —) = 2380 GM : 12 = 198,33 GM.

davon kürzungsfrei	145,— „
bleiben	53,33 GM.
davon die Hälfte:	26,67 „

mithin v. 1. 8. ab eine Kürzung des Ruhegehalts von 180 GM. um 1/10.

Bei später notwendig werdenden neuen Kürzungsberechnungen ist entsprechend der in Nr. 12 und 13 getroffenen Regelung zu verfahren. Falls die Entwickelung der wirtschaftlichen Verhältnisse weitere Vereinfachungen zuläßt, werden sie vom Finanzminister angeordnet.

Zu § 96.

15. Im Falle des Bezuges einer doppelten Versorgung sind, sofern es für den Versorgungsberechtigten nicht etwa ungünstiger ist, die zuletzt erdienten Versorgungsbezüge zunächst zu kürzen.

Beispiel: Die Witwe eines Regierungsrats und ehemaligen Reserveoffiziers erhält neben dem Witwengeld nach dem Hinterbl.-Fürsorgegesetz eine

[4]) Es ist angenommen, daß der kürzungsfreie Betrag unverändert geblieben ist.

Witwenrente nach dem Reichsversorgungsgesetz. Da sie außerdem ein weiteres steuerbares Privateinkommen bezieht — sie ist nicht im Reichs-, Staats- oder in einem sonstigen öffentl. Dienste wieder tätig —, hat außer der Kürzung des Witwengeldes auf Grund des § 92 noch eine weitere nach anderen Vorschriften, nämlich eine Kürzung der Witwenrente auf Grund des Pensionskürzungsgesetzes des Reichs — § 3 des Art. 10 RPAB v. 27. 10. 1923 (RGBl I S. 999) — nach Maßgabe des § 62 RVersorgG. zu erfolgen. Diese Kürzungen haben in der für die Witwe günstigeren Reihenfolge stattzufinden.

Die Witwe habe folgende Bezüge nach der Ortsklasse E (monatl.)

200 GM. Privateinkommen,
100 GM. Beamtenwitwengeld,
15 GM. Witwenrente nach dem Reichsversorgungsgesetz.

Das Witwengeld wird nur durch das Privateinkommen beeinflußt, nicht auch durch die Witwenrente, die Witwenrente dagegen durch das Privateinkommen und das Witwengeld. Danach ergibt sich folgende Gegenüberstellung:

a) erst Witwengeld, dann Witwenrente

Von dem Privateinkommen von . . .	200,00	GM.
sind kürzungsfrei . .	145,00	„
bleiben . . .	55,00	GM.
davon $\frac{1}{2}$. , . . =	27,50	„
Mithin haben von dem Witwengeld (100 GM.) zu ruhen. $\frac{2}{10}$ = 20 GM, so daß zahlbar bleiben . .	80,00	„
Von der Witwenrente von	15,00	„
ruhen wegen des Bezuges von 200 GM. Privateinkommen u. 100 — 20 = 80 GM. Witwengeld, zus. also 280 GM., nach § 62 RVG. $\frac{6}{10}$ . . . =	9,00	„
bleiben . . .	6,00	GM.
Die Witwe erhält also außer ihrem Privateinkommen von . .	200,00	GM.
an Witwengeld . . .	80,00	„
an Witwenrente . . .	6,00	„
zus.	286,00	GM.

b) umgekehrt.

Von der Witwenrente von	15,00	GM.
ruhen wegen des Bezuges von 200 GM. Privateinkommen u. 100 GM. Witwengeld, zus. also 300 GM., nach § 62 RVG. $\frac{7}{10}$ =	10,50	„
bleiben . . .	4,50	GM.
Von dem Privateinkommen von . . .	200,00	GM.
sind kürzungsfrei . .	145,00	„
bleiben . . .	55,00	GM.
davon $\frac{1}{2}$ . . . . . =	27,50	„
Mithin haben von dem Witwengeld (100 GM.) zu ruhen. $\frac{2}{10}$ . . =	20,00	„
so daß zahlbar bleiben	80,00	„
Die Witwe erhält also außer ihrem Privateinkommen von . .	200,00	GM.
an Witwenrente . . .	4,50	„
an Witwengeld . . .	80,00	„
zus.	284,50	GM.

Hiernach ist, weil für die Witwe günstiger, die Regelung in der Reihenfolge zu a vorzunehmen.

Hat ein Versorgungsberechtigter eine zweite Versorgung erdient, deren Bezug ein — völliges oder teilweises — Ruhen der ersten Versorgung bewirkt, z B. im Falle des § 28 ZRG, so kommen für die Anwendung der §§ 92ff. nur die zu zweit erdienten Versorgungsbezüge in Frage. An der bisherigen Regelung der ersten Versorgung (auf Grund des § 28 ZRG. oder entsprechender Vorschriften) ändert sich durch die Kürzung der zu zweit erdienten Versorgungsbezüge nichts.

Zu § 97.

16. Kann ein Versorgungsberechtigter, der eine erforderliche Anzeige nicht oder unrichtig gemacht hat, glaubhaft nachweisen, daß er dabei nicht vorsätzlich oder grob fahrlässig gehandelt hat, so ist die Regelungsbehörde ermächtigt, von der Berichterstattung zwecks Zahlungseinstellung (Nr. 11) abzusehen. War die Zahlung bereits eingestellt, so hat die Regelungsbehörde zur Wiederaufnahme der Zahlung unter nachträglicher Gewährung der einbehaltenen Beträge die Genehmigung des Fachministers und des Finanzministers (bzw. des Verwaltungsorgans der Gemeinde usw. — vgl. Nr. 11 —) einzuholen. Eine Verzinsung oder ein Ersatz des durch die spätere Auszahlung entstandenen Schadens findet nicht statt. Hält die Regelungsbehörde einen glaubhaften Nachweis nicht für erbracht, so muß sie auf entsprechenden Antrag des Versorgungsberechtigten die Entscheidung des zuständigen Fachministers und des Finanzministers bzw. des Verwaltungsorgans einholen. An diese ist auch mit entsprechenden Vorschlägen zu berichten, wenn sich bei Anwendung der Kürzungsvorschriften in Einzelfällen (z. B. bei Blinden und Kinderreichen) besondere Härten ergeben sollten.

Zu § 98.

17. Zu den Versorgungsbezügen im Sinne dieser Vorschriften rechnen:

Gesetzl. Ruhegehälter, Witwen- und Waisengelder, sowie Witwen- und Waisenrenten, Ruhegehälter, Witwen- und Waisengelder, die auf Grund einer Kannbewilligung gewährt werden. Sonstige Bezüge, die mit Rücksicht auf frühere Dienstleistung oder Berufstätigkeit aus öffentl. Mitteln gezahlt werden (Ruhegeld, Ruhelohn, Hinterbliebenenbezüge an Angestellte und Arbeiter). Unterstützungen, die im Disziplinarverfahren neben der Strafe der Entlassung bewilligt werden.

Wartegelder. Zu beachten ist, daß durch die Vorschriften der PAV. die Einrichtung des Wartestandes auch für die Volksschullehrpersonen (§ 59 PAV.) und die Kommunalbeamten (§ 48 PAV.) geschaffen worden ist.

Übergangsgelder der Staatsminister (Gesetz v. 14. 1. 1921 — GS. S. 224 —).

Übergangsgebührnisse und Zulagen zu den Übergangsgebührnissen (§§ 38, 39 SchPolBG. v 16. 8. 1922 — GS. S. 251 —).

Den Versorgungsbezügen gleich behandelt wird das Diensteinkommen von Beamten, die von ihren amtl. Verpflichtungen entbunden sind, z. B. die Lehrer an den wissenschaftl Hochschulen, oder die unter Belassung des vollen Gehaltes ihres Amtes enthoben sind, z. B. die Richter (vgl. Art. 104 RVerf., § 8 GerVerfGes.). Nicht dazu gehört das Diensteinkommen der vom Amte suspendierten Beamten.

Zu § 99.

18. Versorgungsberechtigte im Sinne dieser Vorschriften sind alle Personen, die mit Versorgungsbezügen (Nr. 17) aus dem unmittelbaren Staatsdienst, Kommunaldienst und dem öffentl. Schuldienst, soweit letzterer nicht bereits Staats- oder Kommunaldienst ist, ausgeschieden sind.

---

17. Änderungen des Besoldungssperrgesetzes.

(Vgl. die Preußischen Besoldungsgesetze 3. Aufl. S. 245 und 408.)

Das Gesetz zur Sicherung einer einheitlichen Regelung der Beamtenbesoldung vom 21. Dezember 1920 (Reichsgesetzbl S. 2117), in der Fassung der Gesetze vom 22. März 1923 (Reichsgesetzbl I S. 215) und vom 23. Juni 1923 (Reichsgesetzbl I S. 419), ist wie folgt geändert:

1. Im § 2 Abs. 1 ist zwischen den Worten „ein bestimmtes Verhältnis zugrunde gelegt haben" und „oder bei sonstigen Abweichungen" eingefügt:

„bei Festsetzung höherer Unterhaltszuschüsse an Beamte im Vorbereitungsdienste, höherer Dienstreisetagegelder und -übernachtungsgelder, Beschäftigungstagegelder, Trennungsentschädigungen und Umzugskostenvergütungen".

2. Dem § 2 ist folgender Abs. 3 angefügt:

„Soweit die Vorschriften des Reichs nicht im Wege der Gesetzgebung oder mit Zustimmung des Reichsrats zu erlassen sind, ist den Regierungen der Länder vorher in der Regel Gelegenheit zur Stellungnahme zu geben. Soweit die Vorschriften des Reichs nicht im Reichsgesetzblatt veröffentlicht sind, sind sie für die Länder, Gemeinden und sonstigen öffentlichen Körperschaften nach Maßgabe dieses Gesetzes nur bindend, wenn sie den Landesregierungen unter Hinweis auf dieses Gesetz mitgeteilt sind. Eine Veröffentlichung der Vorschriften im Reichsbesoldungsblatt gilt als Mitteilung an die Landesregierungen."

3. Dem § 6 ist folgender Abs. 3 angefügt:

„Wird die Entscheidung des Reichsschiedsgerichts nicht angerufen, so ist das Land, die Gemeinde oder die sonstige öffentliche Körperschaft verpflichtet, die durch den Einspruch betroffenen Vorschriften dem Einspruch des Reichsministers der Finanzen entsprechend zu ändern, nicht in Kraft oder außer Kraft zu setzen. Dasselbe gilt sinngemäß, wenn die Anrufung eines Landesschiedsgerichts unterbleibt."

4. Im § 2 Abs. 1 ist das Wort „Reichsverwaltungsgericht" ersetzt durch „Reichsschiedsgericht."

Es sind gestrichen:

1. § 7 Abs. 1;
2. im § 8 Abs. 1, im § 8 Abs. 2, im § 10 Abs. 1 und im § 11 Abs. 2 die Worte „des Reichsverwaltungsgerichts oder";
3. im § 9 Abs. 1 die Worte „des Reichsverwaltungsgerichts (§ 6),";
4. im § 10 Abs. 1 unter b und im § 11 Abs. 3 die Worte „das Reichsverwaltungsgericht oder". Im § 7 sind Abs. 2, 3, 4, 5 zu Abs. 1, 2, 3, 4 geworden.

5. Im § 7 ist hinter Abs. 4 (bisher Abs. 5) als neuer Abs. 5 folgende Bestimmung eingefügt:

„Die Entscheidung kann ohne Rücksicht darauf, ob eine Partei mündliche Verhandlung beantragt hat, von dem Vorsitzenden und den ständigen Beisitzern ohne Hinzuziehung der übrigen Beisitzer durch einen mit Gründen zu versehenden Bescheid getroffen werden, wenn sich der vom Reichsminister der Finanzen erhobene Einspruch sofort als unzulässig oder als unbegründet oder sofort als zulässig und begründet erweist. Die Parteien sind berechtigt, innerhalb vier Wochen, vom Tage der Bekanntgabe ab, Entscheidung durch das Reichsschiedsgericht in der nach Abs. 1 vorgesehenen Besetzung zu beantragen. Dies ist ihnen in dem Bescheide zu eröffnen. Wird ein solcher Antrag nicht gestellt, so gilt der Bescheid als endgültige Entscheidung des Reichsschiedsgerichts."

6. Dem § 7 Abs. 6 ist folgender zweiter Satz angefügt:

„Der Reichsminister der Finanzen ist ermächtigt, Vorschriften über die Erhebung von Gebühren zu erlassen."

7. Im § 9 ist zwischen Abs. 2 und 3 folgender neuer Absatz eingefügt:

„Hat eine Behörde, die nach Abs. 1 von den dort genannten obersten Landesbehörden zur Genehmigung von Vorschriften einer Gemeinde oder einer sonstigen öffentlichen Körperschaft bestimmt ist, eine nach diesem Gesetz unzulässige Vorschrift genehmigt, so können die genannten obersten Landesbehörden die Abänderung der Vorschrift anordnen."

Im § 9 Abs. 4 (bisher Abs. 3) ist nach den Worten „nach Abs. 2 ab" eingefügt:

„oder ordnet sie nach Abs. 3 die Abänderung einer Vorschrift an,"

8. Hinter § 9 ist eingefügt:

„§ 9a.

Teilt der Reichsminister der Finanzen den obersten Landesbehörden Grundsätze mit, die das Reichsschiedsgericht über die besoldungsrechtliche Behandlung von Beamten und Lehrern der Gemeinden und sonstigen öffentlichen Körperschaften in einer Entscheidung aufgestellt hat, so ordnen die obersten Landesbehörden (§ 9 Abs. 1) die hiernach erforderliche Abänderung der Vorschriften der Gemeinden und sonstigen öffentlichen Körperschaften an. Eine Abweichung ist nur im Falle des § 1 Abs. 2 zulässig.

§ 9b.

Hat der Reichsminister der Finanzen gegen die Zustimmung der zuständigen Landesbehörde zu einer günstigeren Regelung einer Gemeinde oder sonstigen öffentlichen Körperschaft Einspruch erhoben und ist die Entscheidung des Reichsschiedsgerichts angerufen, so kann dieses die Sache an das zuständige Landesschiedsgericht verweisen. § 7 Abs. 5 gilt sinngemäß. Für die weitere Durchführung des Verfahrens treten in diesem Falle an die Stelle des Reichsministers der Finanzen die zur Genehmigung der Vorschrift zuständigen Landesbehörden (§ 9 Abs. 1). Die Entscheidung des Landesschiedsgerichts ist dem Reichsminister der Finanzen mitzuteilen. Dieser kann gegen sie nach § 5 Abs. 2, 3 erneut Einspruch erheben.

Ist wegen einer Vorschrift einer Gemeinde oder einer sonstigen öffentlichen Körperschaft ein Verfahren gleichzeitig vor dem Reichsschiedsgericht und einem Landesschiedsgericht anhängig, so kann das Reichsschiedsgericht anordnen, daß das Landesschiedsgericht zuerst zu entscheiden oder daß es seine Entscheidung bis zum Erlasse der Entscheidung des Reichsschiedsgerichts auszusetzen hat. § 7 Abs. 5 gilt sinngemäß."

---

18. Änderungen der Preußischen Besoldungsvorschriften.

(Vgl. „Die Preußischen Besoldungsgesetze" 3. Aufl. S. 252.)

1. In Ziffer 9a Abs. 1 ist hinter den Worten „bei ihrer Bemessung" eingefügt „und ebenso bei der Bemessung der Bezüge für den Sterbemonat".

Im gleichen Absatz sind die Worte „der Ausgleichszuschläge einschließlich der Frauenbeihilfe" mit folgender Fußnote versehen:[1]) „gegebenenfalls auch der örtlichen Sonderzuschläge und des inzwischen in Wegfall gekommenen außerordentlichen Zuschlags im besetzten und Einbruchsgebiet."

2. In Ziffer 32 Abs. 1 Buchstabe g ist hinter „Zivilversorgungsschein" eingefügt „und der Polizeiversorgungsschein".

3. In Ziffer 49 sind im Schlußsatz die Worte „und vier" gestrichen.

4. In Ziffer 85a Abs. 1 ist hinter den Worten „mit Wirkung vom 1. 10. 1922 ab eingefügt: „und durch das Gesetz über Änderungen der Dienst- und Versorgungsbezüge der unmittelbaren Staatsbeamten vom 12. 7. 23 (GS. S. 305) mit Wirkung vom 1. 7. 1923 ab".

4. In Ziffer 85b Abs. 1 ist hinter GS. S. 431 eingefügt: „und Art. I § 2 Abs. 2 des Gesetzes vom 13. 7. 1923 (GS. S. 305)."

5. Der Ziffer 85b ist folgender neuer Absatz hinzugefügt:

(5) Ist ein Beamter mit Wirkung von einem Tage zwischen dem 30. 6. 1923 und dem 17. 7. 1923 in eine andere Besoldungsgruppe übergetreten, so erfolgt die Berechnung des BDA. in der neuen Besoldungsgruppe unter Zugrundelegung der Grundgehaltssätze nach dem Gesetz vom 21. 11. 1922 — GS. S. 431 — (vgl. Anl. 1 dieser BV., Buchstabe d, bei späterem Übertritt unter Zugrundelegung der Grundgehaltssätze nach dem Gesetz vom 12. 7. 1923 — GS. S. 305 — (vgl. Anl. 1 dieser BV., Buchstabe e).

6. Der Ziffer 85c ist am Schluß hinzugefügt:

8. mit Wirkung vom 1. 7. 1923 ab; der Beginn des BDA. ist nach Ziff. 85b Abs. 5 auf den 1. 8. 1921 festzusetzen; Grundgehalt vom 1. 7. 1923 ab (Gruppe 7) 636000 ℳ monatlich, steigend vom 1. 8. 1923 ab auf 663000 ℳ.

9. mit Wirkung vom 1. 9. 1923 ab; der Beginn des BDA. ist nach Ziff. 85b Abs. 5 ebenfalls auf den 1. 8. 1921 festzusetzen; Grundgehalt vom 1. 7. 1923 ab (Gruppe 6) 605000 ℳ, vom 1. 8. 1923 ab (Gruppe 6) 628000 ℳ und vom 1. 9. 1923 ab (Gruppe 7) 663000 ℳ.

7. Die Fußnote zu Ziff. 90 Abs. 3 hat folgenden Zusatz erhalten: „Die Grundgehaltssätze betragen vom 1. 7. 1923 ab monatlich:

(963000) = 722250, (1009000) = 756750, (1055000) = 791250, (1101000) = 825750, (1147000) = 860250, (1193000) = 894750, (1239000) = 929250, (1284000) = 963000.

8. Der Ziff. 93 ist folgender neuer Abs. hinzugefügt:

(5) Den im Ausland an der deutschen Grenze beschäftigten Beamten kann die oberste Verwaltungsbehörde einen im Deutschen Reich in der Nähe des Beschäftigungsortes gelegenen Ort als dienstlichen Wohnsitz anweisen. Eine solche Anweisung eines dienstlichen Wohnsitzes gilt als Versetzung.

9. Ziff. 94 hat folgende Fassung erhalten:

(1) Bei Versetzung wird der Ortszuschlag vom 1. des auf die Änderung des dienstlichen Wohnsitzes folgenden Monats nach dem Satz des Ortszuschlages für den Versetzungsort gezahlt. Findet die Änderung des dienstlichen Wohnsitzes am ersten Tage oder am ersten Werktage eines Monats statt, so tritt der Wechsel im Satz des Ortszuschlages schon mit diesem Monat ein.

(2) Ziff. 94a wird hierdurch nicht berührt.

10. Ziff. 94a Abs. 1 hat folgende Fassung erhalten:

(1) Bei Beamten mit eigenem Hausstande, die versetzt sind, und ihren Hausstand infolge äußerer Umstände (Wohnungsmangel, Hemmungen im Güterverkehr) an dem Orte, an den sie versetzt sind, nicht einrichten können, gilt bis zum letzten des Monats, in dem die Fortführung des Hausstandes am bisherigen Wohnort aufhört, dieser als dienstlicher Wohnsitz im Sinne der Ziff 93. Zieht ein Beamter mit eigenem Hausstand, der versetzt ist, vor dem festgesetzten Dienstantrittstage mit Genehmigung seiner vorgesetzten Behörde nach dem Versetzungsort um, so wird der Ortszuschlag vom ersten des auf die Verlegung des Hausstandes folgenden Monats ab nach dem Satze des Versetzungsortes gezahlt. Erfolgt der Umzug in den vorgenannten Fällen am ersten Tage oder am ersten Werktage eines Monats, so tritt der Wechsel im Satz des Ortszuschlages schon mit diesem Monat ein.

11. In Ziffer 95 ist hinter (RGBl. Teil II S. 2) eingefügt:

„sowie die Bekanntmachung Nr. 237 im RBesBl. 1923 S. 126 betr. Einreihung von Bahn- usw. Anlagen im Ortsklassenverzeichnis.

12. Ziffern 97—102 haben mit Wirkung vom 1. 1. 24 ab folgende Fassung erhalten:

97. (1) Als Dienstwohnungen im Sinne des BDEG. gelten solche Wohnungen oder einzelne Zimmer, die einem Beamten im Interesse des Dienstes im Zusammenhange mit den Dienstobliegenheiten auf Grund des Staatshaushalts zugewiesen werden.

(2) Räume, die ausschließlich dienstlichen Zwecken dienen oder die vorwiegend dienstlicher Repräsentation gewidmet sind, gelten nicht als Zubehör der Dienstwohnung.

98. (1) Für die Dienstwohnung hat der Beamte eine angemessene Vergütung in Goldmark zu zahlen. Sie wird ihm auf den Ortszuschlag einschließlich des darauf entfallenden Anteils des Ausgleichszuschlags und des örtlichen Sonderzuschlags angerechnet (Anrechnungsbetrag).

(2) Durch den Anrechnungsbetrag werden alle Leistungen abgegolten, deren Kosten nach den Vorschriften des Regulativs über die Dienstwohnungen der Staatsbeamten v. $\frac{26.\ 7.\ 1880}{20.\ 4.\ 1898}$ vor dem 1. 7. 1914 vom Staate übernommen waren. Jedoch fallen der Staatskasse zur Last die Kosten für:

a) die Erhaltung der Verglasung in den Fenstern, Glastüren, Glaswänden und Oberlichtern (§ 14 a a. a. O.),
b) das Fegen der Schornsteine (§ 14 b a. a. O.),
c) die Unterhaltung der Öfen, Kochherde, Bratöfen, Kesselfeuerungen, Koch- und Backapparate bezüglich der durch den fortgesetzten Gebrauch nötig gewordenen Reparaturen (§ 14 c a a O.),
d) die Unterhaltung der Beschläge und Schlösser an Türen und Fenstern, sowie für die Unterhaltung vorhandener Glockenzüge oder ähnlicher Vorrichtungen zum Herbeirufen des Gesindes (§ 14 d a. a. O.),
e) den Anstrich der inneren Türen und Fenster, der Paneele, hölzernen Verschläge und Wandschränke, soweit einzelne durch den Gebrauch abgenutzte Stellen eine Wiederherstellung der Farbendecke erfordern (§ 14 e a. a. O),
f) die Unterhaltung der inneren Wände und Decken inbetreff ihrer Tünche, Färbung und Malerei oder Tapezierung, das hierbei etwa erforderliche Abreiben des Abputzes sowie für die Beseitigung unwesentlicher Verletzungen des Putzes und das Abreiben unrein gewordener Tapetenwände und Decken (§ 14 h a. a. O.).

Die Verpflichtung der Staatskasse zur Kostentragung in den vorstehend unter a bis f genannten Fällen ist jedoch nur gegeben, sofern diese Maßnahmen nicht durch eigenes Verschulden (Vorsatz oder Fahrlässigkeit) des Wohnungsinhabers, seiner Angehörigen, seiner Hausangestellten, seiner Gäste oder der von ihm Beauftragten nötig geworden sind.

(3) Die unentgeltliche Einräumung einer Dienstwohnung ist unzulässig.

99. (1) Der Anrechnungsbetrag soll dem am Wohnort des Beamten für Wohnungen derselben Art zu zahlenden Mietpreis entsprechen. Seine Grundlage bildet daher der Mietwert der Dienstwohnung nach dem Vorkriegsstande, also vom 1. 7. 1914 (Friedensmietwert).

(2) Die Höhe des Anrechnungsbetrages wird in Hundertteilen des Friedensmietwertes (Abs. 1) bemessen.

(3) Der Anrechnungsbetrag darf den dem Beamten zustehenden Ortszuschlag zuzüglich des darauf entfallenden Anteils des Ausgleichszuschlages und des örtlichen Sonderzuschlages nicht übersteigen (höchster Anrechnungsbetrag).

100. (1) Der Hundertsatz des Friedensmietwertes (Ziff. 99 Abs. 2) wird vom Finanzminister im Einvernehmen mit dem Minister für Volkswohlfahrt festgesetzt.

(2) Den Anrechnungsbetrag setzt die zuständige Behörde unter Mitwirkung der Beamtenvertretung fest. Welche Behörde zuständig ist, bestimmt der Fachminister.

101. Nutzgärten gelten nicht als Zubehör der Dienstwohnung. Die Vergütung für den Nutzgarten setzt die zuständige Behörde (Ziff. 100 Abs. 2) nach Anhörung der zuständigen Beamtenvertretung fest. Die Vergütung soll grundsätzlich dem ortsüblichen Pachtwert unter Berücksichtigung einer nichtfachmännischen Ausnutzung entsprechen.

Ziergärten sind Zubehör der Dienstwohnungen.

102. Auf Bereitschaftswohnungen der geschlossen untergebrachten Schutzpolizei finden die Vorschriften über Dienstwohnungen und Dienstgärten sinngemäß

Anwendung. Für bereitgestellte Bereitschaftswohnräume der geschlossen untergebrachten Schutzpolizei werden Wohnraumabzüge einbehalten. Über ihre Höhe bestimmt der Minister des Innern im Einvernehmen mit dem Finanzminister.

13. Hinter Ziff. 109 ist folgende Ziff. 109a eingefügt:

Ist für ein eheliches, für ehelich erklärtes oder an Kindes Statt angenommenes Kind ein Vormund oder Pfleger bestellt, so kann die vorgesetzte Behörde auf Antrag des Vormundschaftsgerichtes bestimmen, daß die Kinderbeihilfe nicht an den Beamten, sondern an den Vormund oder Pfleger oder an das Vormundschaftsgericht zu zahlen ist. Wegen des unehelichen Kindes vgl. Ziff. 110b Abs. 5.

14. In Ziff. 110b ist folgender neuer Abs. 1 eingefügt:

(1) Auch uneheliche Kinder sind bis zum vollendeten 21. Lebensjahr unterhaltsberechtigt im Sinne der Ziff. 107 Abs. 1. Wenn jedoch das uneheliche Kind die deutsche Staatsangehörigkeit nicht besitzt, so gilt es nur so lange als unterhaltsberechtigt, als der Beamte zur Zahlung einer Unterhaltsrente verpflichtet ist.

Die bisherigen Absätze 1—4 der Ziff. 110b erhalten die Nummern 2—5.

Im Abs. 3 (bisher Abs. 2) ist zwischen Satz 1 und 2 folgende Vorschrift eingefügt:

„Der von dem Beamten nach Satz 1 mindestens aufzuwendende Betrag ermäßigt sich um den halben Betrag der Kinderbeihilfe einschl. des Ausgleichszuschlags, wenn die Kinderbeihilfe nach Ziff. 113 Abs. 1 Nr. 2 nur zur Hälfte zu zahlen ist."

15. Die Fußnoten zu Ziff. 110b Abs. 3, Ziff. 113 Abs. 1 Nr. 2 und Ziff. 124a Abs. 3 sind wie folgt ergänzt: „sowie gegebenenfalls des außerordentlichen Zuschlags im besetzten und Einbruchsgebiet" (inzwischen wieder weggefallen).

16. Die Fußnote zu Ziff. 112 hat folgenden Zusatz erhalten:

„diese Sätze erhöhen sich vom 1. 7. 23 ab auf 80000 ℳ, 90000 ℳ bezw. 100000 ℳ monatlich" (inzwischen überholt).

17. In Ziffer 113 Abs. 1 ist das Wort „vierzehnten" ersetzt durch die Worte „vollendeten sechzehnten"; vor dem Worte „einundzwanzigsten" ist eingefügt „vollendeten".

16. Ziff. 113 Abs. 1 Nr. 2 hat folgende Fassung erhalten:

. . . . . . eigenes Einkommen nicht haben oder, wenn das eigene Einkommen des Kindes die Kinderbeihilfe einschl. des Ausgleichszuschlages nicht übersteigt. Übersteigt das eigene Einkommen des Kindes den Betrag der Kinderbeihilfe einschl. des Ausgleichszuschlags, ohne das Doppelte dieses Betrages zu erreichen, so wird die Kinderbeihilfe nur zur Hälfte gewährt; erreicht oder übersteigt das eigene Einkommen des Kindes das Doppelte der Kinderbeihilfe einschl. des Ausgleichszuschlags, so fällt die Kinderbeihilfe fort.

18. In Ziffer 113a Abs. 1 ist nach „Handelsschulen" eingefügt „Haushaltsschulen".

Am Schluß des ersten Satzes ist eingefügt:

„wenn die Ausbildung nach einem staatlich genehmigten Lehrplan erfolgt und der Unterricht von staatlich zugelassenen Lehrern erteilt wird.

In Abs. 3 sind die Worte „Haushalts-, Schwestern-" und der letzte Halbsatz von „der Besuch" usw. an gestrichen.

Als neuer Absatz ist hinzugefügt:

(4) Soweit der Besuch von Schulen nach Abs. 1 und 3 die Gewährung einer Kinderbeihilfe nicht begründet, kann unter Umständen die Gewährung einer solchen nach Ziff. 113 b in Frage kommen.

19. In Ziff. 113 c Abs. 1 und in Ziff. 122 d Abs. 1 ist die Zahl „14" ersetzt durch die Zahl „16".

20. Ziff. 116 hat folgende Fassung erhalten:

(1) Maßgebend für die Zahlung der Kinderbeihilfe für das folgende Kalendervierteljahr ist das eigene Einkommen des Kindes im zweiten Monat des diesem vorhergehenden Kalendervierteljahres. Durch Gegenüberstellung des eigenen Einkommen des Kindes und der in diesem Monat zahlbaren Kinderbeihilfe einschl. des Ausgleichszuschlags ist festzustellen, ob die Kinderbeihilfe für das folgende Kalendervierteljahr voll, zur Hälfte oder nicht zu zahlen ist.

(2) Änderungen des eigenen Einkommen des Kindes nach dem genannten zweiten Monat des vorhergehenden Kalendervierteljahres bleiben im allgemeinen für die Bemessung der Kinderbeihilfe für das folgende Kalendervierteljahr unberücksichtigt. Wenn jedoch das eigene Einkommen des Kindes wegfällt, sich verringert oder verhältnismäßig weniger steigt, als die Kinderbeihilfe einschl. des Ausgleichszuschlags, so ist auf Antrag des Beamten beim Vorliegen der Voraussetzungen der Ziff. 113 Abs. 1 Nr. 2 auch im Laufe des Kalendervierteljahres zu erhöhen oder neu zu gewähren (vgl. auch Ziff. 121 ff.).

(3) Einnahmen, die — wie Zinsen, Dividenden, Mieten, Pachtbeträge usw. — nicht monatlich sondern für längere Zeiträume entrichtet werden, sind auf die einzelnen Monate zu verteilen.

21. Zu Ziff. 116 ist nachstehende Fußnote aufgenommen:

1) Gegebenenfalls auch einschließlich des örtlichen Sonderzuschlags sowie des außerordentlichen Zuschlags im besetzten und Einbruchsgebiet (inzwischen wieder in Wegfall gekommen).

22. In Ziffer 118 Abs. 1 ist statt „vierzehnte" gesetzt „sechszehnte".

Abs. 2 und 3 erhalten folgende Fassung:

(2) Bis zum 15. des letzten Monates des Rechnungsjahres hat der Beamte eine Erklärung abzugeben, daß die für den Bezug und die Höhe der angewiesenen Kinderbeihilfe maßgebenden Verhältnisse im abgelaufenen Rechnungsjahre unverändert fortbestanden haben und weiterhin fortbestehen. Der Beamte hat außerdem bis zum 15. des dritten Monats jedes Kalendervierteljahres die Höhe des eigenen Einkommens des Kindes für den zweiten Monat dieses Kalendervierteljahres einschl. etwaiger Nachzahlungen anzugeben und auf Verlangen glaubhaft zu machen. Diese Angabe ist nicht erforderlich, wenn für das Kind eine Kinderbeihilfe nicht angewiesen ist oder wenn sich das eigene Einkommen des Kindes gegenüber dem Stande der letzten Angabe nicht erhöht hat.

(3) Jede andere Tatsache, welche eine Herabsetzung oder die Einstellung der Zahlung der Kinderbeihilfe zur Folge hat, ist von dem Beamten unverzüglich anzuzeigen. Auf diese Vorschriften (Abs. 1—3) ist der Beamte bei der erstmaligen Anweisung einer Kinderbeihilfe ausdrücklich hinzuweisen.

23. Ziff. 119 mit der dazu gehörigen Fußnote ist weggefallen.

24. Ziff. 120 hat folgenden neuen Absatz erhalten:

(4) Wird das Diensteinkommen aus einem anderen Grunde gekürzt, so wird die Kinderbeihilfe deswegen nicht gekürzt.

25. Der Ziff. 121 ist am Schlusse des Abs. 4 hinzugefügt: „Soweit nicht in Ziff. 116 etwas anderes bestimmt ist".

26. Ziff. 122 Abs. 1 hat folgende Fassung erhalten:

(1) Soweit nicht in Ziff. 116 etwas anderes bestimmt ist, werden Herabsetzungen der Kinderbeihilfe vom 1. des Monats an wirksam, der auf das maßgebende Ereignis folgt. Hat sich das Ereignis am ersten Tag eines Monats zugetragen, so wird die Herabsetzung von diesem Tage an wirksam.

27. Der Ziff. 122a ist folgender Absatz eingefügt:

(3) Bei der Bemessung der nach Abs. 1 und 2 bis zum Ablauf des Kalendervierteljahres weiter zu zahlenden Kinderbeihilfe sind Änderungen zu berücksichtigen, die sich für das betreffende Kalendervierteljahr durch anderweite Festsetzung der Kinderbeihilfen und des Ausgleichszuschlags [1]) ergeben.

Die bisherigen Abs. 3 und 4 sind jetzt Abs. 4 und 5.

Im Abs. 5 (bisher Abs. 4) ist statt „(oder vierzehnten)" gesetzt „(oder sechzehnten)".

28. In Ziff. 122b sind die Worte „weil das eigene Einkommen des Kindes eine bestimmte Höhe erreicht oder" gestrichen.

Statt „Ziff. 110b Abs. 2)" muß es heißen „(Ziff. 110b Abs. 3)".

Am Schluß ist hinzugefügt: „Fällt die Kinderbeihilfe fort, weil das eigene Einkommen des Kindes eine bestimmte Höhe erreicht, so ist nach Ziff. 116 zu verfahren".

29. Ziff. 123 erhält folgenden neuen Absatz:

(4) Ausgleichszuschläge, die am Todestage des Beamten noch nicht bewilligt sind, werden an Erben, denen keine Gnadenbezüge zustehen, nicht nachgezahlt (vgl. Ziff. 9a).

30. Ziff. 124 Abs. 1 hat folgende Fassung erhalten: „Die Art und Höhe des Ausgleichszuschlagssatzes wird gleichmäßig für alle in Ziff. 123 Abs. 1 genannten Bezüge durch den Staatshaushaltsplan oder durch besonderes Gesetz bestimmt."

Abs. 2 ist gestrichen.

31. Ziff. 124a Abs. 2 und 3 haben folgende Fassung erhalten:

(2) Die Frauenbeihilfe ist nur für unterhaltsberechtigte Ehefrauen zahlbar. Leben die Eheleute zusammen, so ist die Unterhaltsberechtigung der Ehefrau ohne weiteres als gegeben anzunehmen. Leben die Eheleute getrennt, so ist die Frauenbeihilfe dem Beamten zu zahlen, soweit er der getrennt lebenden unterhaltsberechtigten Ehefrau den Unterhalt gewährt oder mindestens in Höhe der Frauenbeihilfe einen Beitrag dazu leistet.

(3) Die Frauenbeihilfe wird ferner verwitweten, männlichen oder weiblichen Beamten gewährt, wenn sie im eigenen Hausstand für den vollen

[1]) Gegebenenfalls auch der örtlichen Sonderzuschläge und des inzwischen in Wegfall gekommenen außerordentlichen Zuschlags im besetzten und Einbruchsgebiet.

Unterhalt von Kindern aufkommt, für welche sie nach § 17 BDEG. Kinderbeihilfen — wenn auch gekürzt — beziehen. Ziff. 110a Abs. 2 gilt sinngemäß. Die Gewährung des vollen Unterhalts im Sinne des Abs. 1 ist nicht als erfüllt anzusehen, wenn das Kind ein eigenes Einkommen (einschl. der Sachbezüge — vgl. Ziff 114 Abs. 4 —) hat, welches die Hälfte des Betrages der Kinderbeihilfe einschl. des Ausgleichszuschlags übersteigt. Der Umstand, daß der Beamte eine Kinderzulage (vgl. Erlaß vom 24. August 1922 — FinMinBl. S. 497 —) erhält, berechtigt nicht zum Bezuge der Frauenbeihilfe.

Der Ziff. 124a sind folgende Absätze 4 und 5 hinzugefügt:

(4) Den verwitweten Beamten sind solche Beamten gleichzustellen, deren Ehe ohne ihr eigenes Verschulden für nichtig erklärt oder geschieden worden ist oder bei denen ohne ihr eigenes Verschulden die eheliche Gemeinschaft durch gerichtliche Erkenntnis aufgehoben ist. Ist wegen Verschuldens des Beamten die Ehe geschieden oder für nichtig erklärt oder die eheliche Gemeinschaft durch gerichtliche Erkenntnis aufgehoben, so steht ihm die Frauenbeihilfe auch dann nicht zu, wenn er im eigenen Hausstand für den vollen Unterhalt von Kindern aufkommt, für die er nach § 17 BDEG. Kinderbeihilfen bezieht oder wenn er verpflichtet ist, für den Unterhalt seiner geschiedenen oder von ihm getrennt lebenden Ehefrau zu sorgen.

(5) Beamte, die gleichzeitig mehr als eine Stelle im Staatsdienste bekleiden, erhalten die Frauenbeihilfe nicht. Bezieht ein Beamter ein Grundgehalt aus Landesmitteln und zugleich aus Reichsmitteln oder aus Mitteln eines anderen Landes, so erhält er von der Frauenbeihilfe aus Landesmitteln nur den Teilbetrag, der dem aus Landesmitteln gezahlten Grundgehalt entspricht. Wird das Grundgehalt aus anderen Gründen gekürzt, so wird die Frauenbeihilfe deswegen nicht gekürzt. (Vgl. auch Ziff. 124a Abs. 1).

Die bisherigen Absätze 4 und 5 werden Abs. 6 und 7.

Als Abs. 8 und 9 sind angefügt:

(8) Fällt die Frauenbeihilfe gemäß Abs. 3 fort, weil dem verwitweten Beamten eine Kinderbeihilfe nicht mehr zusteht, so gilt als maßgebendes Ereignis für den Fortfall der Frauenbeihilfe der Zeitpunkt des Fortfalls der Kinderbeihilfe gemäß Ziff. 122a oder 122b. Wird die Zahlung der Frauenbeihilfe eingestellt, weil der verwitwete Beamte im eigenen Hausstand für den vollen Unterhalt des Kindes nicht mehr aufkommt, da das eigene Einkommen des Kindes die Hälfte der Kinderbeihilfe einschließlich des Ausgleichszuschlags übersteigt, so fällt die Frauenbeihilfe mit Ablauf des Kalendervierteljahres weg, in dessen zweiten Monat das eigene Einkommen des Kindes den genannten Betrag übersteigt. Ziff. 116 gilt sinngemäß.

(9) Bis zum Wegfall wird die Frauenbeihilfe in der jeweils geltenden Höhe gezahlt.

Die bisherigen Absätze 6—9 werden Abs. 10—13.

Im Abs. 10 (bisher Abs. 6) ist hinter „der Beamte" eingefügt: „männliche oder weibliche".

Abs. 13 (bisher Abs. 9) hat folgende Fassung erhalten:

(13) Für die Frauenbeihilfe gilt Ziff. 118 Abs. 2 Satz 1, sowie Abs. 3 und 4 entsprechend.

32. In Ziff. 136 Abs. 1 muß es statt „und 9" heißen „bis 9a".

33. Als Ziff. 136a ist eingefügt:

Verzögert sich die planmäßige Anstellung eines nichtplanmäßigen Beamten aus einem der in Ziff. 21 Abs. 1 genannten Gründe, so erhält der Beamte weitere Dienstalterszulagen nur bis zur Höhe der Anfangsbezüge der planmäßigen Beamten; eine bereits erworbene Dienstalterszulage verbleibt ihm.

34. Ziff. 176 Abs. 3 hat folgende Fassung erhalten:

Aus Anlaß der herrschenden Teuerungsverhältnisse kann der Finanzminister für die nichtplanmäßigen Beamten, die ihre Dienstbezüge monatlich nachträglich erhalten, unter Vorbehalt jederzeitigen Widerrufs eine abweichende Zahlungsweise der Bezüge anordnen.

35. Ziff. 176a hat folgenden Wortlaut erhalten:

Über die Abrundung der Zahlungen trifft der Finanzminister besondere Bestimmung.

36. In Ziff. 179 ist als Abs. 3 neu eingefügt:

(3) Von den durch den ersten Nachtrag vom 30. November 1923 vorgenommenen Änderungen und Ergänzungen tritt die Änderung zu Ziff. 49 mit Wirkung vom 1. April 1920 in Kraft. Wegen der in Ausgabebelassung etwa überzahlter Beträge — vgl. Abs. 3 des Begleiterlasses zur PBV. vom 19. Mai 1923, Bes. 1479, FinMinBl. Nr. 11 S. 267 —. Die Änderungen zu Ziff. 136 Abs. 1 treten mit Wirkung vom 1. April 1922, diejenigen zu Ziff. 95 mit Wirkung vom 1. April 1923, sowie diejenigen zu Ziff. 9a, 93, 94, 94a, 109a, 110b, 113, 113a, 113c, 116, 118, 119, 120, 121, 122, 122a, 122b, 122d, 123, 124, 124a, 136a, 176, 176a mit Wirkung vom 1. Juli 1923 in Kraft.

Der bisherige Abs. 3 wird Abs. 4.

37. In Ziff. 182 ist folgender neuer Abs. eingefügt:

(2) Änderungen des Gesetzes über das Diensteinkommen der unmittelbaren Staatsbeamten (Beamtendiensteinkommensgesetz) vom 17. 12. 1920 und 1. 4. 1923 (GS. 1923 S. 167) sind bisher erfolgt:

1. Durch das Gesetz über Änderungen der Dienst- und Versorgungsbezüge der unmittelbaren Staatsbeamten vom 12. 7. 1923 (GS. S 305),
2. durch das Gesetz über Änderungen der Dienstbezüge der unmittelbaren Staatsbeamten vom 26. 7. 1923 (GS. S. 360).

38. Die Anlagen 1 und 2 sind ergänzt durch Tabellen über die am 1. 7. 1923 in Kraft getretenen Grundgehalts- und Ortszuschlagssätze (abgedruckt in der 3. Aufl. S. 388—390).

39. In der Anlage 4 muß es im Beispiel 24 am Schluß statt: „die über 4 Jahre usw." heißen: „die über 5 Jahre hinausgehende Dienstzeit = 1 Jahr 274 Tage, zusammen 6 Jahre 274 Tage, mithin BDA. vom 1. 7. 1914."

II. Zur Beseitigung von Zweifeln sind ferner nachstehende Ergänzungen der PBV. angeordnet, durch die eine sachliche Änderung der bisherigen Bestimmungen nicht eingetreten ist:

1. Ziff. 27 Abs. 1 unter b hat folgenden Wortlaut erhalten:
   b) über neun Jahre gedient haben, außerdem die nachfolgende Militär- und Marinedienstzeit und die nachfolgende Zivildienstzeit, soweit die Gesamtdienstzeit 9 Jahre übersteigt, mit der darüber hinausgehenden Zeit, höchstens aber mit weiteren 4 Jahren auf das Besoldungsdienstalter angerechnet (§ 3 Abs. 3 BDEG.).

In Ziffer 27 Abs. 2 unter b ist der Zwischensatz „wenn die Gesamtdienstzeit 13 Jahre nicht überschritten hat“ weg.

2. In Ziff. 30 ist das Beispiel, wie folgt, geändert:

Ein Militäranwärter, der vom 1. 10. 1906 bis zum 31. 3. 1917 gedient und vom 1. 4. 1917 bis zum 30. 9. 1917 seine Probedienstzeit abgeleistet hat, wird am 1. 10. 1917 endgültig als Regierungsbürodiätar übernommen und am 1. 4. 1924 planmäßig angestellt. Sein BDA. ist auf den 1. 4. 1918 festzusetzen. Angerechnet sind das 1., 10. und halbe 11. Militärjahr und von der nachfolgenden Zivildienstzeit die Probedienstleistung und die folgenden zwei Jahre der Anwärterdienstzeit (Ziff. 27 Abs. 2 b). Außerdem ist nach Ziff. 20 die 5 Jahre übersteigende Anwärterdienstzeit (als Anwärterdienstzeit gilt die Zeit vom 1. 4. 1918 bis 31. 3. 1924 — vgl. Ziff. 141 —) mit 1 Jahr anzurechnen.

3. In Ziff. 62 Abs. 2 ist hinter „123 Abs. 3“ eingefügt „124 a Abs. 1“.

4. In Ziff. 94 a Abs. 5 dritter Satz und Abs. 6 zweiter Satz sind die Worte „a. a. O.“ gestrichen.

Im ersten Satz des Abs. 6 derselben Ziffer muß es statt „findet die Ziff. 94 a. a. O. keine Anwendung“ heißen „findet die Ziff. 94 a keine Anwendung.“

5. Die Fußnote zu Ziff. 13 hat folgenden Zusatz erhalten: „Vom 1. 5. bis 30. 6. 1923 war dieser Betrag auf 30 000 ℳ monatlich festgesetzt.“

6. In Ziff. 113 b ist als neuer Absatz eingefügt:

(6) Wenn Fürsorgezöglinge in einer Erziehungsanstalt untergebracht sind, so gilt diese Erziehung als Schulausbildung oder Ausbildung für einen künftig gegen Entgelt auszuübenden Lebensberuf im Sinne der Ziff. 113 (§ 17 Abs. 2 BDEG.). Bei Unterbringung in eine Familie ist in jedem Einzelfalle zu prüfen, ob die Voraussetzungen für die Gewährung der Kinderbeihilfe gemäß Ziff. 113 vorliegen. Die Ziff. 107 ff, insbesondere auch die Ziff. 108, 109 a und 110 b, gelten auch für Fürsorgezöglinge.

7. In Ziff. 122 d ist als neuer Abs. eingefügt:

(3) Die in Ziff. 115 Abs. 1 aufgeführten Bezüge gelten nicht als Beihilfe im Sinne des vorstehenden Abs. 1.

8. In Ziff. 124 a Abs. 6 (bisher Abs. 4) sind im letzten Satz die Worte „ein Ruhegehalt“ ersetzt durch die Worte „für ihre eigene Person Versorgungsbezüge“.

9. Ziff. 179 Abs. 2 hat folgenden Wortlaut erhalten:

(2) Die Ziff. 9 a, 28 und 167 treten mit Wirkung vom 1. 4. 1922, die Ziff. 16 Abs. 3, 4, 5 und 176 a mit Wirkung vom 1. 10. 1922, die Ziff. 176 Abs. 3 mit Wirkung vom 1. 1. 1923, die Ziff. 97 bis 102,[1]) 107 bis 122 d, 124 a und 175 a mit Wirkung vom 1. 4. 1923 in Kraft.

10. In der Inhaltsübersicht und in den Ziff. 79, 90, 124 a und 130 ist „Kreisarzt“ und „Kreisärzte“ ersetzt durch „Kreismedizinalrat“ und „Kreismedizinalräte“.

---

[1]) Für die Ziff. 97—102 überholt. Mit Wirkung vom 1. 1. 24 sind diese Ziff. neu gefaßt, die neue Fassung ist vorstehend (S. 80) schon abgedruckt.

19. Änderung der Verordnung über Notstandsbeihilfen.

(Vgl. „Die Preußischen Besoldungsgesetze 3. Auflage S. 367".)

Zu der Verfügung vom 16. Mai 1923 sind folgende Abänderungserlasse ergangen:

1. Vf. d. FM. v. 30. 8. 1923, betr. Ergänzung der Grundsätze für die Gewährung von Notstandsbeihilfen (I. C. 2. 4956).

Von der Gewährung einer Notstandsbeihilfe ist in der Regel abzusehen, wenn die entstandenen Kosten nicht wenigstens 10 v. H. des Monatseinkommens (Ziff. 6 der Grundsätze) im Zeitpunkt der Bewilligung betragen, da dann bei Berücksichtigung der derzeitigen Einkommen der Antragsteller ein Bedürfnis für eine Notstandsbeihilfe nicht mehr anerkannt werden kann. Wo bereits Abschlagszahlungen erfolgt sind, hat in solchen Fällen eine etwaige Nachzahlung zu unterbleiben.

2. Vf. d. FM. v. 12. 1. 1924 über die Notstandsbeihilfen (I. C. 2. 6827/23).

I. Der RdErl. v. 30. 8. 1923 (I. C. 2. 4956 — PrBesBl. S. 50), der die Zahlung durch Geldentwertung belanglos gewordener Beträge verhindern sollte, wird dahin eingeschränkt, daß er auf nach dem 1. 1. 1924 entstandene Kosten keine Anwendung findet.

Eine Aufwertung gezahlter Kosten auf dem Umwege ihrer Umrechnung in Goldmark ist nicht zulässig.

II. Die Gewährung einer Notstandsbeihilfe kann fortan nur in Frage kommen, wenn der Bewilligungsbehörde die erforderlichen Mittel zur Verfügung stehen. Dies gilt auch in den Fällen, in denen nach den Grundsätzen meine Zustimmung einzuholen ist. Letztere ist immer nur als unter dieser Voraussetzung erteilt anzusehen.

III. Änderung der Grundsätze vom 16. 5. 1923.

1. Zu Ziff. 1: Im Abs. 1 sind die Worte zu streichen „einschließlich der Beamten im Vorbereitungs- und Ausbildungsdienst".

Abs. 2 erhält folgende Fassung: Beamte im Vorbereitungs- und Ausbildungsdienst sind in Notstandsfällen auf den Unterstützungsweg zu verweisen.

Abs. 3 erhält folgende Fassung: Gehört ein Beamter oder sein Familienmitglied einer öffentlichen Kranken- oder Sterbekasse an oder einer solchen, für die das Reich oder der Staat einen Teil der Beiträge oder Verwaltungskosten zahlt, so sind die Leistungen dieser Kassen auf die Notstandsbeihilfe anzurechnen. Die Gewährung einer Notstandsbeihilfe wird jedoch nur in den seltensten Sonderfällen in Frage kommen können.

Im Abs. 6 b sind die Worte Kinderzuschläge und Kinderbeihilfen zu vertauschen; ferner ist in der letzten Zeile statt „des Vaters" zu setzen „des Beamten".

Zu Ziff. 2: Im Abs. 2 a ist der Unterabs. 2 zu streichen. Der letzte Unterabsatz erhält folgende Fassung: Dauerkrankheiten (z. B. Siechtum, Geisteskrankheit) scheiden für die Gewährung einer Notstandsbeihilfe grundsätzlich aus, sofern nicht eine andere Krankheit hinzutritt oder die Dauerkrankheit außergewöhnlich besondere Ausgaben (z. B. für eine Operation des Dauerleidens) erfordert.

Im Abs. 2c sind die Worte zu streichen: „durch eine Sterbekasse nicht gedeckten".

3. Zu Ziff. 7: Nach dem zweiten Satze im Abs. 1 beginnt ein neuer Abs. (2).

4. Zu Ziff. 9: Der Schlußsatz ist zu streichen.

5. Hinter Ziff. 10 ist als Ziff. 10a einzufügen: Ist der Krankheits- oder Todesfall auf Umstände zurückzuführen, für die ein Schadensersatzanspruch gegen einen Dritten besteht, so kann dem Beamten ein unverzinsliches Darlehen in Höhe der Notstandsbeihilfe oder der Abschlagszahlung auf diese aus Notstandsbeihilfemitteln gewährt werden. Die Rückzahlung kann bis zur endgültigen Erfüllung des Ersatzanspruchs gestundet werden. Stellt sich innerhalb angemessener Zeit heraus, daß der Rechtsverfolgung des Anspruchs gegen den Dritten ohne Verschulden des Verletzten ganz oder zum Teil aussichtslos ist, so kann die für die Bewilligung der Notstandsbeihilfe zuständige Behörde das Darlehen ganz oder zum Teil als Notstandsbeihilfe endgültig verrechnen.

6. Zu Ziff. 13: Der dritte Satz ist zu streichen.

---

20. Grundgehälter und Ortszuschlagssätze vom 1. Juni 1924 ab.

I. Aufsteigende Gehälter.

A. Gehälter mit festen Grundgehaltssätzen:

Gruppe:	
1	804—840—864—900—936—972—1008—1032—1068 GM.
2	876—912—948—984—1032—1068—1104—1140—1176 "
3	960—996—1044—1080—1128—1164—1212—1248—1284 "
4	1104—1152—1200—1248- 1296—1332—1380—1428—1476 "
5	1296—1356—1404—1464—1512—1572—1620—1680—1728 "
6	1596—1680—1764—1860—1944—2028—2112—2196—2280 "
7	2100—2220—2340—2460—2640—2760—2880—3000—3120 "
8	2400—2580—2760—2940—3060—3240—3420—3600 GM.
9	2820—3000—3180—3360—3540—3720—3900—4140 "
10	3600—3900—4140—4380—4620—4860—5100—5400 "
11	4200—4500—4800—5100—5400—5700—6000—6300 "
12	4860—5220—5580—5940—6360—6780—7200 GM.
13	6300—7200—8100—8700—9600 GM. jährlich.

B. Gehälter mit Mindestgrundgehaltssätzen:

Gruppe:

1 Mindestgrundgehaltssätze jährlich: 2100—2250—2400—2550—2700—2850—3000—3120 GM.

2 Mindestgrundgehaltssätze jährlich: 2400—2580—2760—2940—3060—3240—3420—3600 GM.

3 6498 GM. jährlich im Durchschnitt. Mindestgrundgehaltssätze: 4800—5088—5370—5652—5934—6216—6498—6780 GM., in besonderen Einzelfällen bis zu 8754 GM.

Gruppe:
4 8352 GM. jährlich im Durchschnitt. Mindestgrundgehaltssätze: 5940—6342—6744—7146—7548—7950—8352—8754 GM., in besonderen Einzelfällen bis zu 10500 GM.
5 9800 GM. jährlich im Durchschnitt. Mindestgrundgehaltssätze: 6300—7000—7700—8400—9100—9800—10500 GM., in besonderen Einzelfällen bis zu 10731 GM.

II. Einzelgehälter.

Gruppe:	I	10 500	GM.
"	II	12 000	"
"	III	13 500	"
"	IV	18 000	"
"	V	27 000	"

III. Ortszuschlagssätze.

Der Ortszuschlag beträgt für planmäßige Beamte in den Orten der Ortsklasse

bei einem Grundgehalt				A	B	C	D	E	
		bis	948 GM.	204	162	132	108	84	GM.
über	948 GM.	"	1284 "	312	252	204	168	126	"
"	1284 "	"	2340 "	432	348	288	228	174	"
"	2340 "	"	4140 "	576	456	384	312	240	"
"	4140 "	"	7200 "	768	624	504	408	312	"
"	7200 "	"	12000 "	1008	816	672	528	408	"
"	12000 "			1248	1008	840	672	504	"

IV. Frauenbeihilfe.

120 GM. jährlich.

V. Kinderbeihilfen.

192—216—240 GM. jährlich.

Kolibri 360 GmbH
Ferdinand-Jühlke-Straße 7
99095 Erfurt, Deutschland
produktsicherheit@kolibri360.de